U0066683

說話的藝術

講對話讓你上天堂，說錯話讓你見閻王！

序

為什麼要出《說話的藝術》這本書？

說話的藝術

說來非常有趣。我個人對於「說話」這個主題非常非常有興趣。我認為，活著最重要的目的之一就是為了說話。另外，我非常喜歡交朋友，交朋友也要靠說話。

當然，也有很多人不愛說話，甚至討厭說話。我們也可以這麼解釋：不愛說話的人，根本就是不喜歡人，不願意了解別人在想些什麼。

不喜歡人其實還滿受罪的。活在世上，一定會有跟人接觸的機會嘛！只要跟人在一起就不能不講話，就算不講話，也還是要用其他的方式和別人溝通，就像比手畫腳、手機、電腦傳訊息，有各種形式的管道。我們都知道，媽媽不跟孩子講話，孩子是多麼不快樂？情人在一起卻不講話，感情是多麼悲慘？主人不跟狗玩，狗都會想自殺！

說話為什麼是一門藝術呢？因為這個行為變化多端，耐人尋味且深具技巧，能夠表達的震撼力與影響力非常巨大。有些時候，只要有一個人站出來講些話，全部人都被逗樂了；某個人講錯一句話，就有人會發飆，這當中的差別是不是很大？該怎麼表達、怎麼讓對方舒服、怎樣讓人感動、怎樣達成共識，能不能把話講得動聽，讓人聽得進去，完全是一門學問。

我們可以藉由畫畫、音樂、跳舞等等途徑來表達藝術。但是，「活著」本身就是一種藝術！人類的生命力，還能藉著「說話」的方式去傳達，這是一門「活」的藝術。好的說話品質，甚至比畫畫、雕刻更加生動，是非常值得追求的境界。

在人生裡，「把話說好」是最美麗、最痛快、最令人振奮的事！我常常去聽一個人演講、看一個人表達、觀察一個人如何談情說愛。這些有什麼好看的呢？觀察人家說話，為什麼會這樣地令人著迷呢？有些人可以瞪著一張畫幾十分鐘，動也不動，看著看著，感動到眼淚都流了下來。那麼，享受跟一個人說話的感覺，又何嘗不會令人動容呢？

我研究「說話」的主題至少十年以上。一來，我很喜歡這個領域，二來，我的工作是專業的諮詢顧問，所有的體力、精神幾乎都用在說話上頭，研究如何藉由說話讓生活品質提升。出這本書對我而言，可以說是必然的挑戰，話雖如此，寫書過程的困難度仍相當高，遠遠超過了我的想像。

這是一本我很早就想要寫，卻一直沒寫的書。當我年輕時，不斷地思索著這個主題，心中想著：「總有一天，我一定要寫一本關於如何說話的書。」寫得好不好是另外一回事，但對我來說，這是一個里程碑，也是對自己的極限再次突破的要求。

對於這系列關於說話的書，我抱著戰戰兢兢、如履薄冰的態度，畢竟在這個主題上，曾有許多前輩出過相關的書籍。我的專業是顧問諮詢，出書原本不是我的正職，但不管要不要寫這本書，我都想要讓大家更了解「説話」這個主題。現在，這本書終於要誕生了。我的心情有點像是初戀一般的興奮，有著無盡的開心，無限的感動。當然，這是我個人的感覺，別人不見得能夠感受。對我而言，這套書的意義非凡，也希望藉由本書，跟各位讀者分享我所有的經驗，並從中得到數不盡的收穫。

心橋顧問公司總裁　陳海倫

Helen Chen

目錄

目錄

前言

會說話與不會說話有什麼差別？

會不會說話的差別，簡直像黑與白、水與火、天堂與地獄一般，引領人生走向兩個不同的極端。

會說話的人如魚得水、如沐春風，就像身處天堂般地無往不利；就算再凶險的環境都可以逢凶化吉，也能去做任何想做的事情。在最關鍵的時刻，只要講對一句話，就可以救了你的命！

至於不會說話的人，那種有苦難言就像便秘一樣，常常無法被身邊的人了解，甚至是遭到誤解。這種感覺如同上刀山、下油鍋，無時無刻都陷在焦慮、難受的情緒裡，因為說錯一句話，隨時都會要了你的命！

我寫這本書的目的，就是希望大家一定要重視「把話說好」這件事。在團體裡，一個會說話的人才會春風得意——他可以領導，可以表達，可以有影響力。不會表達的人，會給人木訥、呆滯的感覺，別人跟他在一起也不會很舒服。

不過，有一點要稍微注意。「不會說話」和「不說話」是兩回事，「少說話」又是不一樣的狀況，千萬不要把「不會說話」和「不說話」、「少說話」混為一談。有些人會把「不會說話」這件事辯解成「禍從口出」、「言多必失」、「沉默是金」、「多說無益」等等。

千萬不要這麼想！這完全是兩回事。這裡所提的是「不會說話」，而不是「不說話」。

如果你很會說話，有能力把話說好，當然可以選擇不說話。你希望安靜一點，不想講話也沒什麼不對啊！現在你不想說話，別人也不會打擾你。但是，只要沒有把話說好的能力，不管去哪兒一定都會任人宰割，一定是吃虧到底的！就算對方知道你的心意，光是這樣仍是不夠的！不管是要交友、談戀愛、工作、做生意、推廣活動，甚至想要愛自己的小孩，希望家庭美滿幸福……不會說話，幾乎沒有任何的勝算。

你很愛自己的小孩，但偏偏你不會講話，小孩是很難受的！「我媽媽都不跟我說話的。」當孩子說出這樣一句話，就知道他們的親子關係完蛋了！

要有繽紛色彩的人生，一定要學會如何說話。話講不好，人生鐵定會比黑白世界還要悲慘！無論你是希望享受生命，想要展現自己的風格，想要在這世界上發光發熱，想要活得舒適自在……請切記，一定要讓自己學會說話的藝術！

第1章

說話之前，先和自己溝通

為什麼說話是一門藝術？

在這個主題上頭，我希望就自己的感受，來談溝通這件事情。

溝通有很多種形式與對象。你可以跟身邊的人、事、物溝通，也可以跟這個物質宇宙溝通。你可以利用音樂溝通，也可以用電腦跟別人傳遞訊息。動物也會溝通，只是牠們不會講話，只有人才會說話，說話是人類特有的一種能力與天賦。

說話不僅是一種溝通工具，還是一門藝術。它很美，很有意思，在生活裡面不可或缺。就算啞吧還是可以溝通，靠手勢、手語或是用寫字都行，反正人跟人在一起，一定少不了溝通。

為什麼有人會覺得「把話說好」是這麼困難，卻又這麼藝術的事情？因為想把話說好，要考量的不單單只是「說話」這個動作，這個主題是非常廣泛的綜合體，必須具備很多元的條件，才有可能把話說好。

如果你是一個木匠，平常接觸最多的就是木頭，你常需要把大型的原木鋸開，把木板刨平、磨光，再把它漆上油漆等等。這也是一種溝通，只不過溝通的對象是木材。

不過，把溝通的對象換成「人」，那就很有意思了。人會講話，有表情，心裡有很多想法不一定會表現出來，和人溝通需要觀察的細節非常多。譬如說，你看到一個人就要能夠感覺，對方現在是處於怎樣的狀態？是什麼樣的情緒？若你能夠判斷正確，就知道什麼話可以講、什麼話不該講，有時候你可以理他，有時候就不應該理他——這些細節就是藝術，它所呈現的形式是無窮盡的，每一分每一秒都不一樣。就算跟熟悉的人說話，狀況似乎可以預期，實際上卻又難以預料，所以萬分有趣，讓人永不厭倦。

藝術是全面性的，而不是局部性的。就好比一件上乘的雕刻作品，必須能夠接受各種角度的檢視，不管從哪個角度去觀察，都必須呈現出美麗的狀態。欣賞一幅幾百年前名畫，雖然它是古代的創作，作者的精神可以穿越時空，讓人百看不厭，感動莫名。

這就是所謂的經典，也是藝術的價值。

把說話視為一種藝術，要有很深厚的修養與能力。譬如說，一個人從你身邊走過，你要能夠感受對方的氣質，從他的衣著、動作、談吐，感受此人的思維與態度，從他的聲音、表情，了解這個人心裡在想什麼。

表面上，説話本身只是透過聲音、語言去傳達訊息，但實際上並不是這麼簡單。這些話因為經過思考而賦予情感，它要表達的是一個人的思想、情緒、個性與哲學，這些東西非常深奧，你必須從「全面性」的角度去思考。

「全面性」包括各層面的基本功，一定要把它練到好、練到熟。舉例來說，跟小孩子説話時，要投注更多的精神，也要有足夠的專注力與情緒控制。尤其是跟嬰幼兒講話時，溝通速度不僅快，而且百分之百是以意圖直接共鳴，由心中同步反應。你跟他講話就是那麼幾分鐘甚至幾秒鐘，而且要分很多次，不可能説那些長篇大論。

不過，在時間這麼短的溝通當中，你必須投入非常非常高的專注力，必須具備非常高昂的情緒，就像最頂級的油、純度最高的金子一樣，跟嬰幼兒的溝通品質也必須是最上等的，意圖簡單、直接、濃郁，毫無雜質。要是給不出這樣的溝通，喃喃自語或是愛説不説的，他們的反應往往很直接，把你當成空氣一樣不理不睬，哪邊好玩就往哪邊去了。

再舉一個例子：跟情人講話，是最耗精神體力的溝通狀況之一。跟情人説話時，或許不必像跟小孩説話那般地激昂高亢，可是這種濃情蜜意的感覺必須延續很久。兩個人在一起一整天，不管是傾聽還是講話，都必須認真地集中精神。你要一直展現出親和力，讓對方感覺到熱情洋溢；否則濃度降低了，感覺就不對了，也沒那麼甜蜜了。

若講的是藝術，要求的品質自然要超乎一般標準。如果你可以做到兩個眼睛看著對方，很專注地跟他講話，彷彿全世界都消失了，就剩下你跟他在說話——只要把這個感覺對焦了之後，我保證，不管談戀愛或是感情的濃度一定會提昇，這是非常奧妙的事。

最舒適的溝通，就是老朋友之間的說話。你跟他沒有利益關係、沒有勾心鬥角，彼此沒有非得怎樣不可的拉扯，不必刻意去遮掩，隨便問候一句都很開心，那種感覺很隨興、很自在。不過，朋友仍有等級層次上的不同，說話的舒適度會隨著感情進展而有所改變。

相逢自是有緣，人跟人在一起就是要講話。你跟某些人感情很好，就會期待去跟他見面，目的就是為了跟他說話。如果有一個朋友想跟你見面，可是你們之間有心結，見到面並不是很舒服，或是不曉得要講些什麼，感覺上頗有壓力……從藝術的角度來說，這是你必須要去經歷、要去領悟的過程。當你去見某些不是很想見面的人，你赴約了，彼此之間的關係會有不一樣的轉變。這也是生活裡的一種樂趣。

至於職場上的溝通，就牽涉到所謂的「專業」：把該講的話講好。該有的禮貌都做到了，和對方說話時精準對焦且不被情緒影響，只要有情緒介入，就不夠專業。所謂的專業，就是把事情做好，完全公事公辦。比方今天來這裡是要談出貨、進貨的事情，流程應該怎麼做，咱們就照這樣做，彼此都瞭解就可以了。

當然，談話中會有一些客套話，像是問候吃飽了沒、最近老婆小孩好不好等等，這些都是基本禮貌，但跟討論的主題無關。說話的態度要客氣、目標要明確，把案子談妥之後，雙方皆大歡喜，照理說，不應該有很大的壓力。

說話會出現壓力，是源自於不會溝通。或許是你無能、你不會、你不喜歡，或是說話對象給了你很多負面的情緒，對方講話可能很不客氣、耍脾氣，或是不照規矩來，希望討一些便宜，強迫你一定要通融；或是想利用你、陷害你，甚至運用手上的權力、人情來控制你，這種感覺便會讓你產生壓力。如果不是這樣，大家應該公事公辦，該怎麼樣就怎麼樣。

然而，很多人害怕與別人溝通的理由，是因為人不像電腦一樣，輸入指令之後就會乖乖的執行。人的想法千變萬化，沒辦法預期，多數人都難以面對無法預期的結果，尤其是害怕對方生氣或發飆。這種壓力是因為你不能處理，沒辦法承受對方的負面情緒。不過，正也是有了難度才會帶來趣味，藝術的價值也因此存在。

學會說話之前，先跟自己溝通

溝通，是為了達到完全的「了解」。你要了解溝通對象的性質，這個對象可能是人，可能是一件事情，也可能是一個物體。有的人能夠跟動物溝通，有的人能夠跟花草樹木溝通，把它們種植得特別茂盛。這當中需要很多知識，也都是可以學、可以練習的。當你了解之後，就不會有什麼大問題。

每一種藝術，都有它要練習的溝通模式。譬如使用電腦，如果對電腦不夠熟悉，只要按錯了鍵，之前努力好幾小時蒐集的資料全都不見了，就會讓你苦惱萬分。為什麼有人會摔電腦？因為沒辦法控制，沒辦法跟電腦溝通。

以音樂上來說，當你在樂器上的掌控能力還不夠，演奏品質就不會好。你也很希望彈一首悅耳的曲子，但每次都彈錯音符，或是不知道該怎麼彈，表現不出你要的感覺，這些狀況都會讓你感到痛苦不堪。

每個人都希望不必下太多功夫，輕輕鬆鬆便成為說話高手。如果凡事都輕輕鬆鬆便能成功，那就真的不必練了！**要達到藝術的境界，就必須要練，而且是苦練，非練不可。**練一天，就是一天的功力，練了十年，就是累積十年的功力；沒有練習，就是什麼都沒有。天下沒有白吃的午餐，道理就是這麼簡單。

當你見到在某些領域裡可以隨心所欲的高手，幾乎都是練過的。你看人家開車開得這麼順，過個急轉彎竟然還一邊抽菸、一邊聊天，那是練出來的，不是天生就有這樣的好功夫。你看人家跳舞的姿勢多優美，隨便比個動作都像仙女下凡，沒練過的人站上去擺個同樣的動作，看起來就像個瘋子。當你練得夠純熟，這項技能就可以賺錢、可以表演，人們會給你掌聲喝采。這些都不是與生俱來的天賦，而是經過苦練而獲得的。

說話，有非常多元的表達方式，也有各種不同的對象。但有一種對象相當特別，在這裡要特別提出來。這個對象就是「自己」。

一般人以為說話只是為了跟別人互動，所以溝通的方向是「朝外」。這個流動確實是朝外的，但是我們往往忽略了「朝內」的溝通——跟自己溝通。很多時候你會發現，其實你並不是那麼了解自己。

跟自己的溝通分成兩部分。第一個部分是屬於肉體，第二個部分是屬於精神。

跟身體溝通的部分，用一個簡單的例子：你有時候不知道自己有胃的存在，有時候感覺不到自己的心臟在跳，一定要等到胃痛了、心臟很難受，或是大拇指被割到了、流血了，才知道自己身上的這些部位不舒服，然後所有的精神與注意力都集中到那個地方。

跟自己的肉體溝通，就是你對於身體的存在與了解到了何種程度。對自己的身體愈了解，就愈能夠處理身體的狀況，愈加關照身體，就愈能夠面對身體發生的問題，就會有「久病成良醫」的境界。

以習武者或舞者來說，他們對於自己的身體能夠做出什麼樣的動作，都有某種程度上的認知。如果有些動作做不好、不正確或是感到虛弱，就對身體狀況增加了更多的了解，也可以更進一步地練習去強化。簡單地說，這是當你對自己肉體的溝通到了某個水準以上，就會出現的境界。

要跟一個人說話，要瞭解對方的喜好與興趣。至於跟自己說話，就是感覺自己是不是餓了？是不是血糖過低？是不是沒睡飽？現在胃不舒服，是不是吃太多了？是否吸入過多的二手菸？是不是纖維攝取太少？身體運作是否不正常？諸如此類。

這世界上，外在的一切生不帶來、死不帶去。不管孩子對你有多孝順，但是他們不會永遠待在你身邊，愛人早晚也會走，可能比你先離開這個世界。所以，只有身體才是完全屬於你自己，從出生一直陪伴著你到死亡，如此忠實的朋友，怎麼能不多花點時間跟他說話呢？

你的體力、精神狀態、壽命長短、生活品質，都跟你對於自己身體的了解程度有密切關係。你要知道現在身體是不是需要睡眠？

需要補充些什麼維他命？

現在是不是累了？

血管是不是快爆了？

心臟是不是快不能負荷了？

有很多人會生病，就是平常很少跟自己的身體溝通。這跟離婚是一樣的道理，為什麼會離婚？因為你沒有跟另一半溝通啊！他的想法、死活你完全不在乎，最後當然就會像炸彈一樣爆炸。為什麼有些人會被老闆炒魷魚？要是你每天進公司都不跟人打招呼，工作都處理不好，也不跟老闆報告情況，當然就只好回家吃自己了！

對一個人的身體來說，也是一樣的。你怎麼會不知道自己的身體出了什麼毛病，無法感覺身體的狀況好不好？理由很簡單：因為你沒在跟身體溝通。你希望身體健康，平常卻又不理它，這豈不是「又要馬兒好，又要馬兒不吃草」的心態？

平常你就應該仔細看看自己的身體，趾甲長了就應該剪，頭髮油膩膩的，怎麼都沒去洗呢？皮膚粗糙得像蛇皮一樣，怎麼都不管呢？這些現象，都表示跟自己身體的溝通出現非常大的盲點——沒在照顧，沒在觀察，沒有跟自己的身體互動。

所以，有人突然發現自己已經是癌症末期，或是突然暴斃、中風之類的。乍聽之下，這些訊息讓人很突兀，但應該這麼解釋：這些人平常就缺乏和自己的身體溝通。如果真的有在溝通，愈溝通就愈能了解，愈了解就愈能溝通，然後配合行動去關照。這是一個正面的循環，身體應該會愈來愈健康。

你可以藉由很多種方式了解自己的身體。譬如平常的運動，或是做健康檢查，也可以藉著吃不同的食物去觀察自己是否舒適或過敏等等，增加更多了解。從這些過程當中，就可以學會如何去照顧自己的身體，愈了解自己的身體，就會知道在什麼樣的狀態之下，可以做出最好的表現，同時也給身體最需要的幫助。

所有專業領域的運動員、演唱家或是太空飛行員等等，他們的身體狀況與體能訓練都有專人在照顧，知道現在該吃什麼、穿什麼衣服、什麼時候要運動、如何獲得更好的睡眠等等，這些知識、訓練都值得好好的研究。

假如現在要到天寒地凍的北歐出任務，就得穿上能夠禦寒的衣物，這是很基本的保護措施。如果沒做好保暖工作就會失溫，或是生了凍瘡，要是你放著不管，最後身體也會擺爛無法運作，是不是？

和身體溝通，是每個人都應該非常重視的部分。這跟怕死無關，因為身體不好，不管成就有多大、夢想有多美，一切都不重要了——地基都沒了，還蓋什麼房子？沒有健康的人生，就像構築在沙灘上的房子一樣，一下就倒了。

我非常提倡「吃好睡飽」這件事，只有從吃好睡飽為基礎，才能了解自己身體的狀況。你得知道自己的身體可以走多遠，有多少能耐，才能規劃你的旅遊行程，才能談到怎麼去實踐夢想、經營生活，甚至於如何享受愛情、創造天倫之樂。要是每天都病懨懨的，生活絕對不可能有品質，就算身邊最親密的人也受不了。常言道：「久病床前無孝子」，就是這個道理。換個角度來看，一個每天都生病的孩子，父母簡直就在當孝子每天服侍著，其他什麼事都不能做。

在對外溝通之前，一定要先注意到自己身體的部分——了解你的膝蓋，了解你的髖關節，知道你的膀胱，知道你的心臟，知道你的血管，看看你的頭髮，看看你的皮膚，看看你的眼睛……這些都很重要，會影響溝通的品質，不能都不去管它。這些是屬於跟自己身體溝通的部分。

精神層次上的溝通

這裡的精神層次並不是指信仰，而是了解你自己。

不要以為精神層次是不著邊際、無法感覺的，這都是藉口！快不快樂，怎麼會不知道呢？喜不喜歡，怎麼會沒感覺呢？如果已經到了「麻木不仁」的程度，並不是不知道，而是太久沒去感覺了，也正是所謂「冰凍三尺，非一日之寒」。

有很多人會這樣說：「我不知道我喜歡哪種人。」

「我不知道自己是個怎樣的人。」

怎麼會活到現在了，卻不知道自己有什麼感覺呢？其實一定是知道的！不知道，可以學；要是完全沒有知覺，就跟植物人無異了。這是精神層面知覺度的問題。

所以，沒有溝通就沒有了解；既然不了解，乾脆選擇不溝通；愈不溝通，這塊冰凍結的程度可就不只有三尺了。

你的感受、喜好、夢想、是非觀念、人生價值觀，還有個人的喜好、興趣，有什麼優點或缺點？怎麼改進？

自己有沒有進步成長？

現在是不是愈來愈老了？是否沒有那麼多的熱情與活力？

你是不是知道自己的精神狀態？

你現在是否墜入愛河？

是不是做夢都會笑？還是你感覺很憂鬱、很壓抑，很難受？

或許你很有錢，愛吃什麼就吃什麼，住得地方很漂亮，開著很棒的車子。但是，你還是有一種綁手綁腳的感覺，可能很寂寞，或是覺得很倒楣、很怨恨，覺得人生不如自己的預期……這些心事誰人知？這些都是屬於精神層次的領域，是個人的事，你要對自己負責。

很多時候，精神和肉體是息息相關的。如果肉體上一直感到很疼痛，心情不可能會很好，你可能會突然想罵人或想哭，這都有連帶關係。換個角度來看，如果精神狀態不佳，常常鬱鬱寡歡，每天都覺得不如意，久而久之就會睡不著、沒胃口，會覺得容易緊張，開始變得身形憔悴。相對地，如果身體狀況比較好，情緒與精神也會比較好。精神狀況良好的人，身體也會比較容易獲得健康。

人很快樂的時候，吃粗茶淡飯也很健康，不快樂的時候，吃再豐盛、再營養都不會有效。跟自己溝通，就是要了解自己的感覺，從吃、睡到心情，整個情緒與健康狀態都要良好。

那麼，為什麼人們常會提到健康美、好氣色？所謂的氣色，跟精神狀態有非常大的關係。一個身材尺寸、線條很標準的女人，並不代表她看起來可以很漂亮——要是一個人病懨懨的，得了癌症，人長得再漂亮又會好看嗎？

在科學研究裡常常提到：結婚的人比較健康，性生活良好的人比較少生病，這些都是有根據的。這裡不特別去強調醫學上的資料，重點在於精神跟身體是息息相關的。

在說話的哲學裡，必須顧及到整體性。你的腦袋裡不能只想著：我只要搞定說話的技巧就行！像有的人整天只搞畫畫，或是只搞電腦，或是談戀愛時只管兩人世界甜甜蜜蜜；有些家庭主婦只管自己的小孩，只管洗衣、煮飯，其他就算天塌下來，都與他毫不相干似的。

當然，你可以這樣選擇，只做你喜歡的事，但以全面性來說，就會顧此失彼。這就像吃東西不該偏食，生活也應該是多元的，我們跟這個世界有各種角度的接觸，有不同層面的互動，才能體會更多的自由和快樂。

要讓說話成為一門藝術，有一個很重要的元素，就是必須不斷地進步——這是一個觀念上的問題。你一定要愈來愈精緻，愈來愈有文化，溝通的管道也要一直不斷地擴展出去。

為什麼我們會談到跟不同的人、種族、動物、事物的溝通，還有深度、廣度，甚至是氣度的範圍？因為在溝通的領域裡，有一種非常奇特的狀態：**如果沒有一直去擴展、延伸這些領域，就不會有那麼豐富的感覺**，不會覺得那麼有質感，也沒辦法擁有那麼多的快樂與感動。

有趣的溝通所帶來的美好感覺，就像富含特別營養的有機食品，可以讓你的精神狀態不斷延伸擴展。所謂的高品質，是要經由不斷地發展才能創造出來。這些進步成長在生活裡是必要的，它可以讓人癡迷，也可以讓人心曠神怡，令人沉醉瘋狂。

說話的那種迷人、幽默、風采、格調等等元素，會讓人感覺聽你說話就不由自主地愛上你，覺得你很迷人，或很有氣質、很有深度。那種感覺，就是經過千錘百鍊、不斷練習打造出來的，在過程中不斷地進步成長，所累積的一個質感。這當中有很多的思考，很多的藝術。

回到《生活藝術家》（作者出過的書）裡我最喜歡的一句話：「活著，只為了美！」基本上，溝通的哲學就是為了「美」。這是一種享受，一種至高無上的境界。

第 2 章

把話說好的守則與條件

說話藝術的守則

話若說得好，便能成為至高無上的藝術。既然要把說話當成一門藝術看待，首先要談到的，是必須遵守的基本守則。當你能夠了解這些守則，在日常生活中與他人的溝通將會有很大的助益。

說話的基本守則共有五個項目，這些是在說話時必須要達到的目標。五個守則分別如下：

第一，為了有趣。

第二，為了處理事情。

第三，為了表達情意。

第四，為了感動。

第五，為了講理。

這五個項目，並不表示每次講話都一定得要全部包含在內，但至少必須要具備其中一項，才有機會讓說話成為藝術。

五個守則裡面，能做到其中一項就很不錯了；要是五個都能同時做到，那可是非常不得了的境界。

❶ 有趣

第一個，就是說話要讓人感覺幽默，要讓人覺得你這個人很有趣。把話講得很有趣的目的，是為了拉近彼此之間的距離，或純屬生活享受、開心、愉悅，自娛娛人。

想像一下。如果今天打開電視轉到某個節目，這個主持人講話聽起來很無聊，或是內容很嚴肅，聽到就想打哈欠，最後會發生什麼事？相信你一定會轉台，換一個比較容易「消化」的節目。

講話的角色，不管是政客、老闆、老師、丈夫、老婆、父母親通通都一樣，只要加入了「有趣」的元素，便能讓說話成為一件強大的溝通工具。說話有趣，別人才會喜歡跟你接觸，對於生活品質、情緒與感覺都非常有幫助。

「有趣」這個守則，在說話當中有絕對的加分效果。就算講的內容都是純粹打屁哈拉，或是一些沒有內容的八卦，但光是達到「有趣」這個目標，結果會變得如何？對你的生活有什麼作用？對愛情與人際關係有什麼幫助？它能讓說話這個動作變得非常有價值，進而成為一門偉大的藝術。

2 處理事情

這裡所提到的「處理事情」，純粹是為了傳達訊息，敍述的方式是以交代性質為主。不過，這跟談判、講道理並非完全一樣，在這點當中的說話是沒有任何情緒的，純粹就是把要講的內容說出來，像是流水帳一樣地交代事情。

若把說話當成一場舞台劇來比喻，這個守則就是把故事敍述出來，或是將前一段劇情銜接起來，並把人物的關係、細節交代清楚。除了讓人覺得順暢之外，也可以理解內容在描述些什麼。

當然，要讓說話成為一種藝術，一定要先具備某些條件。要是像錄音帶那般機械式地說話，自然沒有什麼藝術價值可言。換句話說，交代事情只是一個目標，所有說話的基本條件仍須具備；但在這條守則裡最重要的目的，僅僅是將訊息傳達給應該接受的另一方。

例如在職場上，上司往往會交代下屬一些待辦的公事，或是你得跟老闆報告昨天做了哪些事情，你也會跟夥伴討論某個專案必須如何去執行。在家裡，媽媽會跟孩子交代一些事情，孩子也會跟爸媽說他需要什麼東西。這些講話的內容其實很簡單，沒有什麼特別深奧的東西，也不是要去說理、辯論，不是刻意要讓對方感動，就只是很單純地把話講出來。這有點像電影裡的旁白，儘管看似簡單，但仍有很多的技巧存在，講得好跟講不好的差異性非常大。

在敘述時一定要清楚明白，因為說話的目的就是為了要讓事情能夠被處理。但這一項守則強調的是完全不帶任何主觀的情緒，關鍵是能夠很清楚地把重點跟細節表達出來，就像導覽、指引、規則說明等等，目的只是為了傳達訊息。

❸ 表達情意

關於這個守則的重點，在於你所說話的對象。

表達情意會牽涉到親情、愛情、友情之類的範圍。你說話是為了談戀愛？為了交朋友？為了促進親人之間的情感？你的內心有多少誠意、有多少的良心、有多少的愛，都得在說話過程中把它表達出來。

既然是為了表達自己的情意，就要注意說話時一定要讓別人感到開心、舒適，是這個守則裡最重要的方向。如果方向不正確，不但沒有辦法談好戀愛，也沒辦法交到朋友，甚至讓原本善良的意圖遭到誤解。

比方說，你跟父母說話的目的是要增加彼此之間的情感，你希望讓爸爸媽媽感到開心，這個守則就顯得很重要了。你跟另一個人表達情意，是為了要讓對方覺得你很可愛呢？或是為了要增加彼此的情誼？話在說出口之前，你必須很清楚地知道自己要幹什麼。

4 感動

感動，是為了要分享。如果要跟別人分享，必須先有內涵。說話想要滿足對方，一定得在這地方下足功夫，否則根本難以和他人分享，人家聽不懂你在講些什麼。

要感動對方，就必須放入感情。但你必須了解，「感動」跟「表達情意」並非全然相同。說話表達情意時，你跟對方是有所接觸的；但要去感動另一個人，對方可能不需要認識你，你還是可以用演戲、廣告、電影的方式去感動另一個人，說出來的話讓人覺得有內涵。

比方說，你正在聽著一場十年前的演講錄音帶。隔著這麼久的時空，你聽到演講者所說的話，眼淚還是會流下來，因為當中有很多讓你觸動心弦的內容。演講者並不是特別針對某個人所說的，卻因為你聽到、觀察到、感覺到對方表達的東西，而且你能夠欣賞、認同或了解，心中充滿許多的感動。

這些能夠心動的元素因人而異。可能是因為對方高超的說話技巧而感動，可能是說話者點出你無法表達的心情而感動，也可能是因為對方的善意、高尚的格局等等。但不管是哪一種，這些話裡頭一定有這些讓人感動的力量，這也是讓說話成為一種藝術的守則。

說話除了動之以情之外，還要讓人家滿足，話語裡必須有內容。這些元素都是沒有辦法欺騙的！沒有內容的話，聽起來像是吃綿花糖，感覺甜甜的，實際上沒吃到什麼東西，這並不像吃一碗紅豆湯那樣會有飽足感。

再舉個例子。廚師開出來的菜單是龍蝦沙拉，盤子上就一定要放出真正的龍蝦才行。要是用很多高麗菜跟番茄充數，盤上的冰雕很漂亮，氣勢很嚇唬人，可是客人吃下肚後完全沒感覺，沒有那麼多的滿足跟感動，這就是失敗，就是沒料。

這個守則裡，講究的是真材實料。說話的內涵必須有「料」，這些料，絕對需要經過充分準備。你必須認真的去培養，認真的去做，完全是硬碰硬的真功夫，而不是花拳繡腿的空包彈。

5 講理

關於說話的最後一個守則，就是要有道理。

你要讓人家覺得：「嗯，我心服口服。」

「這句話講得真好！」

「你講出這個理由，我沒辦法反駁你。」

「因為你鏗鏘有力的說詞讓我震撼，所以我決定跟你簽約。」

因為你有本事講出這個道理，展現出來的格局、理由都讓對方心服口服，把道理解釋得讓人拍案叫絕，甚至可以不戰而屈人之兵。能夠把話說到這樣的水準，就是一種藝術的境界。

如果你是為了要講理，要站出去跟人談判，就必須要有明確的立場與見解，在「理」字之前必須能夠站得住腳。如果一開始就沒理，不管怎麼辯都只會越辯越濁，很野蠻地在那兒胡說八道，話講出來一點說服力都沒有，只是讓人家看笑話。

說話的五個基本守則，有些牽涉到一個人的涵養素質，有些關係到一個人的腦袋是否清楚，說出來的話是否有條理，有些則是很深奧的溝通技術，說出來的話要能夠撩撥心弦、觸動人心，也有些純粹是胡說八道，目地只是為了搞笑而已。光這樣都可以成為藝術，這也是喜劇電影存在的原因——裡面的對話可能很無厘頭，反正它能逗觀眾發笑，讓人覺得有趣，這本身就有它的深度與獨到之處，也有不得了的藝術價值。

說話的守則裡面，有很多細節是非常重要的。要能遵循這些守則使說話成為一種藝術，還必須具備一些基本條件跟內涵，不可能隨便耍個花招就唬弄過去。這完全是一門功夫。

把話說好的基本條件

說話裡面有一些必須先做到的基本條件，這跟守則是不一樣的。

前面提到的這些守則，就像建築物的設計方式，呈現出截然不同的感覺。有的是圓頂型，有的是金字塔型，有的則像是細細長長的竹竿，有的像月亮，有的像女人的小蠻腰等等，有各式各樣的表現方式，但呈現出來的都是一棟建築物，這就是藝術。要讓說話成為一門藝術，就要遵守五個守則當中至少其中一項以上。

至於基本條件，就像是一棟建築的地基。若沒有了地基，不管用再好的建材、藍圖架構多麼完美、採用多先進的建築工法都沒有用。

以說話而言，基本條件指的是要經過說話的訓練，包括口齒清晰，和人對話的體力要足夠，有想要瞭解對方的意圖，有意願跟別人建立溝通管道；談吐有涵養，能夠坐得住，讓人覺得很鎮定的感覺，臉上永遠都保持著親切的笑容，你說話的音質、音量、活力、能量，從頭到尾都是一致的，讓人覺得行雲流水，跟你講話感覺像是如沐春風。

講話是一種溝通，溝通必須是雙向的流動。兩方不一定都要說話，只要有一方說即可，但另一方一定要能接收進去才算「溝通」。別人講的，你必須可以理解，有些沒講出來的言外之意，你也要能夠體會，可以跟他對焦——所謂的對焦，指的是對方所說的內容，你都可以完全明白，可以一針見血地知道他想表達的感覺，進一步去回應，給予示意。

除此之外，你不能只是聽懂別人講什麼，也要有本事把自己要說的話清楚地傳達出去，讓對方能夠接收，而且還要確定別人能夠聽得懂、了解你在說什麼，覺得這些話聽起來是舒服的。這些都是必要的一些基本條件。

換句話說，若缺乏了這些基本條件，別人就沒辦法聽懂你在說什麼，你也沒辦法理解別人要說的話，話講再多都只是「有溝沒有通」。在這過程中，就算勉強達到了解的目標，就算把道理講得很清楚，但講話的態度讓對方不是很舒服，或是用字遣詞讓對方無法完全理解，說話的效果便打了折扣。

前面講到這麼多的守則，有的為了講道理，有的為了要幽默，或是為了讓人感動等等，有各式各樣的形態去表達說話的藝術，但是**目的都只有一個，非常非常簡單，就是為了要「了解」，傳達那份「心意」。**

你說話給人的感覺是有趣的，目的是為了讓對方了解這些內容是有趣的，了解這些內容是好笑的，你得想辦法把話說出來讓大家笑破肚皮，每個人都能夠明白笑點在哪裡，或是話講出來讓每個人都覺得場面很冷，這些都是可以做到的效果。

要達到「了解」的目的，說話者必須要跟聽者有同樣的感應頻率，察覺對方的個性、情緒、品味、習慣等等，對各方面都有深入的了解，一定要有明確的對焦方向。當傳送訊息的人能夠發現對方的笑點，踩中了就會讓他開懷大笑，對方聽到你說的笑話必然會很有反應，這就有趣了。

說話最後的結果，不管是要讓人感動落淚，要讓人喜上眉梢，要讓人如癡如醉……，都不過為了要得到「了解」罷了。當你感覺到對方了解你的時候，那種痛快簡直無法言喻，無論是講八卦或正經事，讚美或是貶低他人，重點是講的人跟聽的人都得到共識，了解對方到底要表達什麼。

了解，是一個很高尚的境界。有些人在說話時，為了希望了解對方所展現出來的意圖非常強烈，甚至會讓人肅然起敬。基本上，了解是一種非常舒服的感覺，在說話的時候，負面的內容不應該包含在內。所有的嫌棄、評估、貶低、沒理由的責罵、惡意中傷等等，全都違背讓對方了解的目的，講這些內容是沒辦法被理解的。

然而，就算不對別人說負面的話，還是得要知道有人會對你不懷好意。比方說，某個人就是居心不良，想要騙你錢。至於他為什麼要這麼做？這種事情沒什麼好去研究的，就像你永遠沒辦法理解為什麼有些壞人就是要去殺人，有些人就是會想要虐待小孩。這些都是人類不正常的狀態，也是所謂的「偏差錯亂」，沒必要花時間去理解，知道有人是這樣就足夠了。

因此，如果某個人講出負面的話，或是出言惡意中傷，你必須知道他已經違背了說話的目的。要是他講話攻擊的對象是你，擺明故意要糗你、讓你難堪，這些都不會是正確的方向。

他講這些話並不會讓你感到舒服，也不會讓你達到了解的目的。

說話的目的是為了讓對方能夠了解，了解是很正面的，完全是為了明白彼此的心意。或許講出來的話不一定很好聽，但一定不會是偏差錯亂或是莫名其妙、不著邊際的東西。也因為這樣，說話時盡量不要講負面的惡意中傷、評估貶低、嘲笑諷刺，不要在還沒了解對方之前就先貼了標籤，作出先入為主的評斷，既不公平也不合邏輯。

不要假定一個人是壞心的。基本上，我們還是要相信每個人都有好的意圖，希望跟你溝通，進而達到了解的目的，生活應該是很舒適、很享受的，這對我們的婚姻、教育、生活品質才有幫助。

第 3 章

說話藝術的四大觀念

四個觀念，讓說話成為藝術

說話的藝術裡有很多觀念。這些觀念並不是一定要守住的規則，但是當你有了這些觀念，就會比較清楚話該怎麼說才會漂亮，怎樣才能說出一個理想的結構跟形式。

1 傳達與互動

第一個，你必須知道自己在傳達訊息，而且必須跟對方有所互動，這個觀念非常的重要。就算你一個人獨舞、寫文章或是鋼琴演奏，如何才能讓這件事變成一種藝術？因為這是一種溝通，就算你是一個人在練習，也要有傳達、互動的觀念。

用一個簡單的比喻：當一個人在洗澡時，沒有跟別人互動，也沒有要傳達些什麼訊息。但是，如果洗澡是一個表演，好比電影的某一幕是主角在洗澡，那麼，洗澡的動作就會包含傳達訊息與互動的意義。

傳達，就是表現你的思想。如果沒有這樣的概念，就沒有辦法跟別人真正地互動。在藝術的形式裡一定有傳達，藉著傳達也一定要有互動，才會產生共鳴。所以，你除了要聽別人

講，自己也要能夠講；你能夠說話，也要能夠讓別人聽進去，就算是兩個人一起說，兩個人都在聽，也無所謂。**要達到藝術的境界就是有一些共鳴，有足夠的了解，交換彼此之間的思想與觀念。**

我們平常所提的傳達跟互動，通常來說，對象並不包括自己。不過，如果畫圖是畫給自己看的，那就等於是跟自己互動；以這樣的角度來看，當洗澡的時候，便是跟自己互動。有很多時候，你正在對著鏡子練習說話或是練跳舞，就是傳達訊息給自己，跟自己在互動。所有的傳達與互動都源於「自己」，當你跟別人互動時，這些傳達必須先經過自己，才能真的發出訊息給別人。所以嚴格來說，傳達跟互動是包括自己的。

除了人之外，你也可以跟路邊的樹互動，可以對週遭的物品傳達訊息。好比在珠寶設計的人眼裡，那些鑽石、翡翠都是活的，是會講話的。鋪路的人跟馬路是有所互動的，對於混凝土與柏油的比例是非常有感覺的。這都是在傳達、互動當中，所要包含進去的觀念。

你可以自己試試看：說話時，運用「有互動」與「完全沒有互動」的傳達方式，即使採用一樣的文辭、動作、聲音，在意圖跟形式上的差別非常大。為什麼有些人在講完話之後，聽者會說「有聽沒有懂」，不曉得對方在表達些什麼？或是感覺很僵硬、不自然等等。會出現這樣的評語，正是源自於缺乏傳達的意圖以及互動的心意。

所以，當你在講話、在做動作、在發表意見的時候，一定要記得：溝通所有的一切都是為了互動，為了傳達。這也可以包括自己跟自己的溝通，也就是所謂的「我思，故我在」。如果連你自己都沒有傳達跟互動的意思，這個溝通本身根本沒有任何的藝術價值。

❷ 結果

第二個觀念，說話的藝術必須要考慮到「結果」。說完話之後的效果、達到目標的效率，不管是感覺、氛圍或是訊息傳遞等等，都是可以創造的結果。

你所要表達的互動，都是為了溝通、為了了解。不過，最後有沒有達到了解的目標？了解到了幾成？原本預期的結果變得怎麼樣？或許，你原本說話的目的是希望讓對方開心，你也知道說話是為了「了解」，但是最後不僅沒有讓對方了解，甚至還被認為是故意要惹他生氣，**不管你說了什麼、過程怎樣，最後產生的結果就是你說話的成績，那就是你真正的目的。**

或許，這種解釋會讓一般人難以接受，但是，擺在眼前的事實就是這麼殘忍。說話之前一定要想清楚，這些話要先經過大腦思考，在傳達跟互動的過程中，到底會造成什麼樣的結

果？那個結果，就會被其他人認定是你說話的目的——即使你並不作此想。

「啊，我不是這個意思啊！」

「你怎麼會這樣想呢？你誤會我啦！我原本的意思是……」

這就是我們常聽到的「辯解」，講了一大堆理由，可是卻愈描愈黑。因為人家就是這麼感覺，這也是你說話造成的結果。

以藝術的角度來看，或許原本你是出於善意，這個意圖應該是很美的，但是你表達出來的形式卻讓所有人都覺得很醜，那到底是美還是不美呢？這是沒有辦法辯解的事。你應該要了解，這個結果是你必須負責的。

當然，你沒辦法要求對方的想法跟自己一樣。但是，你跟他表達了之後，他最後的想法會變成怎麼樣？你對自己的想法能夠表現出多少？能夠傳達多少？你必須對這個說話的結果負責，話在說出去之前，你應該要考慮到後面的結果。

當然，對方會怎麼想，有很多狀況是非常離奇、非常可笑的，或許言者無心、聽者有意，或許你要表達的內容刻意被對方扭曲。這些狀況，都要盡量在你的腦袋裡經過周全的思考——當然，我們也只能盡人事聽天命。

這個觀念是提醒你，如果你原本説話並沒這個意思，然後對方把你的話想成別的意思，你也不必感到很唐突、很失望。這樣的結果或許不如你的預期，但還是得要能夠去面對它，要能夠去接受它。

把説話視為一門藝術，就像電影演完後，觀眾怎麼評論是人家的事情，導演無法保證看完的人一定會覺得非常對味，但是，要表現的思想必須很清楚。如果原本要呈現很感動的氣氛，結果呈現出來的感覺卻讓觀眾非常厭惡、莫名奇妙，這樣的結果就表示導演要呈現的藝術並沒有成功。

所以，**在説話之前必須要有這樣的觀念：你説話到底要呈現什麼樣的結果？**在結果論的前提之下，就是以成敗論英雄，如果達到了原先設定的結果，就可以算是成功；比預期更好，就是錦上添花的加分效果。不過，如果跟你預期的結果完全不一樣，甚至還造成反效果，當然不能算是成功了，一定要盡全力避免這樣的結果出現。

藝術所呈現的就是一種美，也是一種共鳴。一開始要表達的時候，不能完全不經大腦就脫口而出，你要先思考一下這樣的表達會造成怎樣的結果，反覆做一些模擬演練。

畫家在作畫的過程中，常會左看、右看、三百六十度再看，今天看、明天看、下個禮拜

繼續看，就是在思索傳達出來的感覺是否符合自己的思想，反覆推敲觀賞者看到之後會有怎樣的感覺。你要能夠具備邏輯地去思考這些事情，呈現出來的藝術當然會更完美，效果將更不一樣。

❸ 情緒

第三個要講到的觀念跟情緒有關，嚴格來講，是屬於了解負面情緒的影響及應用；同理，也可以運用在正面情緒上。

一般來說，用負面情緒去面對事情是於事無補的，這個元素並不是溝通的本質。不過，如果你要表達自己的憤怒，或是你想要背叛，或是你原本就存心想要陷害對方，這些內容都可以表達，沒有什麼問題。

負面情緒本身也是一種表達。就像很多電影給觀眾的感覺很恐怖，或是看起來滿噁心的，導演要呈現的正是這樣的感覺。至於觀眾欣不欣賞、買不買帳，則是另外的問題了。

人與人相處都有彼此的空間，大家有什麼想法都可以表達，只是你把這些話說出來之後，跟別人會有什麼共鳴？有些時候，說話的目的並非一定要對方喜歡你，對吧？如果這些負面情緒正是你想要表達的，只要你明白自己在幹什麼，且知道要面對的後果是什麼，這都是可以容許的。

我們必須對情緒有所認知。**基本上來説，負面的情緒並不算是溝通。**你可以表達自己的傷心、難過或是憤怒等等不同情緒，但是，若你要用負面情緒作為傳達的基礎，便會讓人覺得像個瘋子，不僅毫無意義，也沒辦法被人接受。

譬如説，演員要演出生氣的樣子，他表達的是憤怒，這並沒有什麼不對。但是，平常説話的過程若是失控的，原先並不是想讓場面變得這樣難堪，但是説話變得很情緒化，或是用負面情緒做為基礎在描述一件很漂亮、很感動的事情，就沒有辦法呈現出真正的美感。

再舉一個例子。當你跟法官説話時表現出歇斯底里的狀態，一直哭泣或是語無論次，就會讓整件事情很難進行，人家也不會因為你的負面情緒而改變對事實的看法。或許，有些人看你哭哭啼啼，可能會給你一些同情票，但是這些情緒本身並不是真正的溝通，它只是一種讓人難以接受的騷擾。如果你的表達內容是很誠實、很正面的，你在做一種藝術的溝通，這些負面情緒都是要受到控制的。

我們在表達事情的時候，應該是完全理性的。那些得獎的影帝、影后可以詮釋一個神經

失常的人，雖然角色所做的事情很戲劇化，但演員本身是理性地在傳達這些情緒給觀眾，所以演技能受到肯定，這是可以被接受的。不過，若你很歇斯底里地跟警察講話，或是很情緒化的跟情人對談，傳達出來的內容只有負面情緒，達不到互動的結果，給人的感覺就是莫名奇妙，相當地不舒服——警察可能會開重一點的罰單給你，情人可能會賞你一巴掌後而離去；說這些話所製造出來的結果，就是讓人感覺很討厭、很不自在、很不希望跟你溝通，這就違反了說話所要追求的藝術境界了。

所以，要記住一個關鍵：**說話時一定要對情緒有所控制**。你可以傳達情緒，但如果你用負面情緒本身來做溝通，就等於是用朽木去雕刻，沒處理好就腐爛了，沒辦法被稱之為藝術。那些負面情緒，在表達時應該是要被控制的。

4 速度

第四個觀念是速度。不管是在傳達、在互動，說話的目的、結果、情緒，還有關於接下來要提到的溝通基本動作，全都跟速度有關係。

有很多時候，並不是溝通內容有什麼問題，或者是說話者的出發點不對，而是有一個重要的因素沒抓好：速度。

或許你有過這樣的經驗：看了某部電影，故事架構沒什麼不好，要講的內容也很有意義，演員的表現也很傑出，但你怎麼看都覺得怪怪的，就是沒那麼舒暢，看了之後沒辦法覺得很舒服，為什麼？因為電影的節奏慢到讓人打瞌睡，或者是節奏太快了，看得一頭霧水。

當然，快有快的好處，慢有慢的美感。有很多時候，在速度上做了調整，就會有不一樣的結果。**你要在速度上調整到一個恰到好處的節奏，這跟接受溝通的人有很大的關係。**

說話的重點是在傳達、互動，也要考慮到結果。本來你說這些話是希望讓對方欣然接受，結果卻把對方轟炸到體無完膚，因為講話速度太快了，對方沒辦法搞懂你要說什麼。有些人需要的溝通節奏比較快，要是你說話太慢，他聽了就會非常地不耐煩。

不管你要跟人談情說愛或接洽生意，速度是相當重要的條件。彼此的速度不對，就沒辦法成為合作夥伴，速度搭不上，兩個人就愛不起來——你很愛他，他也很愛你；可是兩個人在一起就沒辦法相處，為什麼？因為一個巴掌拍不響。

他很慢，你很快；他會煮飯，問題是你想吃他一頓飯，得要等個三個小時才搞得出來。

有些人也不是有什麼大問題，可是他的溝通速度快到讓一般人很難跟他互動，動不動就吵起來了。

我們常常在講對錯，常常在分析這個人的好壞，在分析這句話有道理還是沒道理。不過，有一個條件是沒被分析的，就是速度有沒有辦法被接受，這個是一個很重要的考量條件。步調快的就像動作片，至於慢的，就像文藝片。每個人各有所好，你也會找相同喜好、節奏接近的人一起去看電影。在溝通的時候也要了解，你要擁有調整速度的能力，速度正確了，你才會真正地成為一個專家。

每個人的速度都不盡相同，就像去跟客戶談生意，遇見不同的客戶要用不同的服務方式，你得要知道對方的喜好。不過，如果這個對象是你的另一半，就沒辦法每天為了適應對方而不斷調整速度，那豈不是痛苦萬分？所以，婚姻當中有一個很重要的條件，就是兩個人的速度要旗鼓相當，彼此要能互相欣賞，在一起才有辦法覺得舒服。

在說話的觀念裡，要能夠考量到這些因素。如果沒有把速度考量進去，就會搞不清楚傳達到底哪裡出了問題？互動到底哪邊不順暢？為什麼結果老是不如預期？或許你並沒有惡意，為什麼對方老是不耐煩，或是誤解你的意思？其實答案很簡單：因為你把話講得太快了。

有些時候，你覺得你並沒有不喜歡對方。但是每次跟對方說過話之後，卻有這樣的感覺：「唉呀！我似乎被他討厭了。」或許是因為你說話很慢，他聽了不耐煩，也可能是你的速度太快，而對方卻是一個步調很慢的人，他跟你說話就會覺得：「你講那麼快，根本就沒有想要跟我好好溝通的意思嘛！」這誤會可就大了。

速度是非常有趣的一個因素。你給對方的感覺有沒有誠意，是不是真的有心要幫助對方、服務對方，有很多人是從速度搭不搭得上來進行判斷的。如果你能夠跟某個人一起快，或是能夠跟他一起慢慢聊，讓對方覺得跟你說話特別有感覺，彼此就會愈來愈有得聊。

人為什麼能夠感動，產生共鳴？為什麼會覺得對某個人如此地神魂顛倒？這跟速度是有關係的，只是一般人沒有察覺這個細節。並不是你講出來的道理有多好，不是論點有多麼地正確，而是因為速度控制對了，一切的感覺就都對了。

人跟人之間的溝通，有許多時候不完全都是講理的，而是講情。講到情，就是感覺對不對的問題，牽涉到溝通的頻率。這就跟音樂一樣有快板，也有慢板的，每個人喜歡的風格都不太一樣。如果把說話牽涉到藝術領域，就必須把調整速度的因素納入考量，要是少了這個東西，整個味道就會偏了。

第4章

誠意，永遠在技巧之上

如何讓對方感受到「你被我放在心上」？

其實非常簡單：直接告訴對方就可以了。不過，當你直接跟他講的時候，有時會顯得油嘴滑舌、嘻皮笑臉，表達得似乎不夠真誠，對方覺得你只是說說表面話，心裡並不是真的那麼在意，這樣當然就有問題了！如果你在一開始就只是想要騙人，說話的目的只是想取得對方好感，方向當然就不對了。

至於怎樣把話講得非常真誠？這便是說話的技巧。除了言詞上的技巧之外，最重要的還必須帶有一顆誠摯的心，這就不必教你了。以最簡單的方式來看，你必須真的有誠意，告訴對方：「你對我很重要，我把你放在心上。」

當然，這是單刀直入的說法。如果你的表達很笨拙，不是那麼擅長於言語的功夫，也想不到其他更好的說法，卻要表達一份真誠的心意，這麼講就可以了。只要有心，對方一定可以感受到，這個心意的傳達非常簡單、直接，沒有那麼困難。

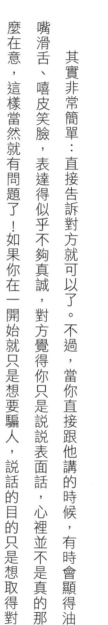

不過，若連這樣的話都不敢講出口，就需要練習了——你可以對著鏡子好好講，重點是把在乎的感覺化成最簡單的話語就行了。你很重視他，還有什麼其他的感覺呢？怎麼樣讓對方感覺到你的心意？心裡有什麼話就直接告訴他，最好是當面講，不然就用寫的。**不管用什麼方式，最重要的，還是你心中必須有那份「心意」**。

至於讓對方感受，還牽涉到你的言行是否合一。講出來的話是一回事，在生活裡的言行舉止都要包括在內，所有的動作都要讓對方有被重視的感覺。否則，你只是嘴上對他說：「你對我很重要！」但實際上什麼都沒做，平常也不連絡，什麼事都欺騙他，所作所為沒有辦法被對方信任，這些都會被列入評估，光說不練最後還是會穿梆！

「你說你多重視我？我感覺不到嘛！」這種話對方不見得會告訴你，但他心裡可能會這麼想。

當你很誠懇地跟對方說話，你把對方看得很重要，通常對方一定會感受得到，講出來就一定會有用！至於最後對方覺不覺得你說的是真的，那就要看你往後的作為了。

所以，如果你不曉得該怎麼表達，也還不會那麼多的說話技巧，開門見山地說就夠了。沒那麼困難！

獲得對方好感的說話態度

你覺得舒服的事，可以將心比心，別人八九不離十也會覺得舒服。你希望別人怎樣對待你，就先怎樣去對待別人。

說話的態度，最重要的關鍵是希望對方能夠「了解」，所以要有足夠的力道，說話時一定要誠心誠意、全神貫注，而不是隨隨便便、愛講不講，也不管人家聽不聽得懂。你所表現出來的誠意跟親和力要足夠，如果沒有注入這樣的情感，說話是沒什麼意思的，就像聽人在朗誦、背書一樣，很機械式地把話講出來就敷衍過去了。

為什麼聽機器講話或是聽錄音時，情感的力道就是低了點呢？因為少了表情，無法感受到真實的活力。說話能夠展現出來的「好感」，大部分都來自活力、認真程度、高昂的情緒與動人的表情。

譬如說，你眼前的這位朋友很有親和力，他的笑容、表情、意圖都顯示出他對你極度友善，他希望跟你親近，讓你能夠瞭解他所說的事情。最基本的好感，就要從這樣的態度做為開始。

再來，就是口齒的清晰度，還有你是否願意不斷地說明、不厭其煩地解釋，以不同角度切入主題去詢問，關心他理解到何種程度，或是有什麼其他的問題？這樣的基本態度是一定要具備的。基本上，只要做到上述的條件，要達到八十五分的水準是沒問題的，有些時候可能會因不同的需求或是個人偏見的狀況，這又另當別論了。

反過來說，怎樣會讓人沒有好感，留下不良的印象？例如你顯現出很不耐煩的模樣，覺得對方很討厭，不想跟他多講幾句，他話都還沒說出口，你就隨便講兩句敷衍過去，甚至連正眼都不看著對方，這些都會讓人感到壓力及反感。

說話要讓對方有好感，就必須要有去服務對方的心意，很有意願幫助他瞭解你要講的內容，也要讓對方表達出他的需求。你必須盡量想辦法幫助他，而不是一下子就生氣了，講起話來不舒服，又怎會有好感呢？這些都是基本功的水準。既然要講就好好講，要不然還不如什麼都不要講。

怎樣才能夠把話說得很有親和力？

把話說得很有親和力，得在一個前提之下：**你要打從內心表達出親和力，而非假裝成很友善的模樣。**

最常見的例子，就是在見到小孩的時候，你想要對小孩很好，跟小孩子玩，所以你就說：

「哇！好棒喔！」

「哎唷，媽媽親一下！」

「叔叔愛你喔！你好可愛喔！」

你可以用各種話語、表情來傳達你的感覺，但這並不表示對方一定會接收到相同的感覺。他可能會覺得你很虛偽、裝模作樣，或只是在那裡嚷嚷，甚至認為你只是在盡「義務」罷了。

所以，要怎樣才能把話說得很有親和力？單從提出這個問題看來，就可以知道提問者想要知道的是「技巧」，卻沒有把重點放在心意上。這個問題的重點在於沒有親和力的「心」。

真正的親和力，是打從內心贏來的。你希望和對方那麼親，心中必須真的有那種感覺。

如果只是隨便喊一些口號，耍耍嘴皮子，這些假動作都是沒用的，對方也會覺得你很無聊，就連小孩子都會覺得你很三八。

譬如說，我們去店裡買東西，常會看到某些店員刻意表現得很熱情，不斷地說：「請進來看喔！今天有特價，隨便看喔！」

或者是說：「有什麼需要服務的嗎？」

「小姐，您有沒有在找什麼特別的東西啊？」

他極度想要展現出自己的友善，也想把話說得很有親和力，像日本餐館會常聽到服務人員用日語大聲喊：「歡迎光臨！」還一直對客人鞠躬，這樣到底有沒有親和力呢？當然，有講好過於完全沒講，但呈現出來的感覺就是商業化的訓練，聽起來就是那幾句話一直在重複，像是機器人在放錄音帶，那些話就沒什麼親和力可言。不過，如果店員真的很用心，親切說話的感覺會讓你賓至如歸，就連鞠一個躬，也能讓人感受到特別的誠意。

「怎樣把話說得很有親和力？」我個人覺得這並不是很實在的想法。這問題透露出想要投機取巧的意圖，想要知道話術，想要抄短路、走捷徑，盡快把這種感覺表現出來。但是實際上，應該要問的是：「如何真正地展現親和力？」這才是一個比較正確的方向。

簡單地說，親和力是「基本功」的問題。

有些時候，你看到女孩子化了妝，為了要迎接客人，所以她一直微笑，一直努力表現出要對你很好的樣子。但是，為什麼還是會讓人覺得不舒服呢？

因為，她的親和力是假的。

她可能有本事把話說得很好，「哎呀！林先生，歡迎光臨！你今天又來了，真開心見到你。」但是，人家也不是傻瓜。如果世界上的事情都這麼簡單的話，台詞都用背的就行了，所有的話照劇本去套就可以了。第一句是「歡迎光臨」，第二句是「很高興見到你」，再加上面帶微笑……這些都是形式上的東西，怎麼會打從內心發出真心誠意呢？又怎麼會讓對方有好感呢？

所謂的親和力，並不是靠著某種話術或是表情就可以表達出來的，不是這個人講了多少話，也不是他笑得多好看、多熱絡、多麼有活力——當然，或許這還是有一點關係，更重要的是內在修養，是在對待人事物的過程中，發自內心地想要有愛、想要跟對方親近，或是想瞭解的那份心意，散發出照顧、感激、服務、幫助的意圖，這才是真正的親和力。

有些時候，你並沒多說些什麼，也不是真的在放聲大笑，或是刻意散發魅力，全都沒有；

親和力便自然地散發出來，因為它是一種氣質。當你真的具有這份感情的時候，對方就會感覺到。

這可不像是媽媽一天到晚追著小孩跑，嘴上一直說：「小明好乖喔，媽媽愛你喔！」「媽媽幫你準備了便當，今天你有沒有什麼事情要跟媽媽講呢？媽媽很想聽你講話……」

不是這樣嘮嘮叨叨，就會讓人覺得你很有親和力；也不是要你去撒嬌，或是送花、買禮物討好對方，對方就會覺得你很親切。

親和力，是由內而外散發出來的氣質。這是所謂的基本功，是台上一分鐘，台下十年功。你在生活中的思想、邏輯、哲學必須真的有到這樣的水準，才會讓人感覺到這樣的親切感。你應該秉持著對人性的瞭解，把服務的意願與感恩的心意表達出來，才是正確的方向；而不是一直想著要把話說成怎樣、要有什麼樣的技巧，那些層面都不是真正的關鍵，不但無法表達，對方也感受不到。

要怎樣動之以情，把話說到對方心坎裡？

這問題的意思是：該怎樣說話，才能把情感表達得淋漓盡致，表達出內心最大的感動，也感動到對方？這樣的情況，其實是一種很深的境界。

比方說，你希望鏡頭呈現的畫面很細緻，或是希望照片裡的模特兒很生動，或是你希望自己很美，你要的標準是非常高的。話要說到心坎裡，又要動之以情，要表達得淋漓盡致，要恰到好處，自己也要非常感動——可見要求的水準是非常專業的，大家都很喜歡這樣的超高水準。

要達到這種水準其實很簡單，答案只有兩個字：練習。

希望做到動之以情，表示你覺得情感這件事情，在溝通裡面很重要。所以，第一個重點便是：你要有這樣的情感。當你有情感，就得練習把這些感覺說出來。

一開始，你可能什麼都講不出來，也可能你想要講些話，表達上卻很笨拙，好像有一堵牆在那兒，得要慢慢挖、慢慢敲。這需要「逐字稿」的幫助，自己推敲，把感受一點一滴表達出來。

逐字稿的練習重點是：你問自己，然後自己回答。在一問一答之間，把這些過程寫出來，練習把這些話講到自然，才有辦法對人家動之以情。

練習的過程有兩個方向。你想表達出自己的感動，講出你的深情，所以你要先有情，才能去動之以情。這個表達方式就是完全靠技巧、靠功力，也完全是練習獲得的能力。

另外一個是，你可能還沒有那麼多的情感，但希望可以有這樣的情感。那麼，你要動之以情呢，就要把這樣的情感揣摩出來。在藝術的領域裡面，你要去揣測、去感受、去呈現，因為你的身分是一個表演者，一個傳達者。

比方說，你要彈蕭邦的作品，演奏出來的感情到底是作者的感情，還是演奏者的感情？還是演奏者的技巧把作者的感情融入，傳遞給觀眾聽呢？

一個好的演員，可以把角色給演活了。他本人對這個角色到底有什麼感情，其實觀眾是很難知情的。導演要他怎麼演？劇本要他如何去詮釋？當他表演的時候，就是一種動之以情，把那種情感給表現出來。簡單地說，這是技巧的問題，需要花很多的精神去揣測、去練習怎樣表達。

我們經常會看到舞台劇的演員，可以把角色的情感詮釋地這麼好。至於那樣的情感到底是不是真的？其實我們並不知道。他可能剛剛才腸胃抽筋，可能昨天才簽了離婚協議書，但是你看不出來。

不過，既然演員能做到如此的程度，一方面是他本身能夠擁有這麼深厚的情感，至於表演時的情感是否為真，則另當別論；另一方面，他自己也要有一個動之以情的目標，他的腦、心境以及要傳達的意圖，都是經過思考的——換句話說，他已設定好一個目標去呈現，把情感放入劇中，透過千錘百鍊的技巧，呈現出來讓觀眾接收，讓人動容落淚，引起共鳴。雖然是演的，不過演久了，也可以變成真的了！

然而，這跟前面提到的第一種狀況是完全不一樣的。第一種，是自己有那麼豐富的情感，所以能夠表現出來。第二種，是設定一個目標，決定要表現出這樣的情感，然後努力地傳達出來。這兩種都是溝通，但後者偏重技巧。所謂的技巧，其實全是靠練習得來的。以「動之以情」為例，你想傳達情感，表達過程要自然，必須具備某種程度上的功力。

就好比你想騎腳踏車橫越大山，便要有足夠負荷的肌肉，才可能騎得動。若是沒特別經過訓練，要嘛就踩不動，不然走沒多遠就不行了。這完全是靠練的。當你有了這樣的體能，才可以騎得舒適愉快，自由自在，沒在管累不累，不會擔心山路多麼遠，而有餘力欣賞風景、享受過程。

希望做到動之以情，平常就要苦練「表達」的基本功。一個經過訓練的人，隨時可以動之以情，讓別人看起來覺得可愛、深情、感動等等。當某個人修練到那個程度，有那樣的功力，就可以做得到。

但在練習說話技巧之餘，必須真的有那麼深的情、那麼濃的意才行！在表達的時候，儘管詞拙了一些，技巧差了點，對方還是可以感受到——這也是為什麼我們往往會被小孩子的言語所感動。他沒有經過特別的練習，說話也沒有什麼技巧可言，但他真的有那份心，正是那份心意讓人歡喜、讓人感動。所以，必須先培養自己有那樣的情感與心意。

其次，就是表達方式要經過訓練，知道和別人說話時有這樣的層次與境界，才有辦法把這些情感表達出來，這就是一種藝術。所有的事物到了藝術的層次，練習是絕對不能少的！想要有神來之筆，百分之九十九都要靠練習，沒有經過練習，不可能達到爐火純青的境界，千萬不要有投機取巧的心態。

好比說，演員要具備出神入化的演技，有沒有什麼訣竅可以三級跳，不用練習就可以達到影帝的水準？所有大師級的藝術家，都經過外人難以承受的練習過程。能夠把話講到心坎裡的人，一定是講過很多很多的話，也一定講錯過很多話，經過無數次的修正。

不要整天想著是否經過大師提點之後，就可以一步登天！想要畫龍點睛或錦上添花的能力，這種想法是很不錯的，但前提是必須有強烈的學習意願，要抱著「只問耕耘、不問收穫」的心態拼命練習，最後才有機會把話說到心坎裡。

電影裡某一句讓人感動的台詞，編劇想了多久才擠出來？演員練了多久才演得出來？如此經典的一句話，是經過多久的淬鍊才凝聚出來的？千萬不要以為有了技巧，就可以輕易地打動人心。你要講什麼話，要得到什麼樣的結果與目標，都要很認真地去模擬、去練習，把這些內容寫出來，一直去修正逐字搞，修到你認為這是最好的版本。

此外，你必須每天都很拼命地練習，十年之後，或許會有不錯的成績——至少要有這樣的心理準備。否則，你以為人家成為大師，成就了偉大的事情，只是某一天經過高人指點就會了嗎？不可能的。練習最重要的目的，就是把基本功往下紮根，再照著你想要的目標去練習不同的招式。練多了之後，你會遇到不一樣的問題，可以繼續修改。

這種關於進步成長的路是一輩子的事，三天捕魚、兩天曬網是不會有好成績的。要有好的收穫，一定要先把眼光放長遠。

我很關心某個人，但卻不知如何讓他瞭解，我只能把這份心意埋藏在心裡嗎？

其實不必這樣想，這種態度有點過於悲觀了。你很關心某個人，卻不知道如何表達——其實沒有這麼多的「如何」、這麼多的「顧慮」。要讓人家瞭解你的心意，只要講出來就可以了。至於要怎樣去講？就是把你心裡真正的感覺講出來，這就是最實在的方式。

可是，你一直在想著不知道該怎麼講，這些都只是藉口，是你不想去面對心裡的障礙。你只需要把自己的感覺寫出來、講出來，把訊息傳遞給對方，就這麼簡單而已。你不講，選擇把它放在心裡，最後就只能變成遺憾、後悔、失落，這些悲情其實都是不需要的。你要藉著進步成長，把這些心結解開來，才能夠舒適自在地講話。

有人說我講話缺乏誠意，該怎麼辦？

講話缺乏誠意，這是別人的感覺。但是，對方會有這樣的感覺，那表示也八九不離十，

為什麼你會讓人家有這樣的感覺呢？你自己可以檢討一下，應該不難發現你講話不夠認真、基本功不夠好，隨隨便便地講話，屌兒啷噹、愛說不說的，或是話常只講一半，沒有辦法讓人聽懂，或是用字遣詞不夠用心，說話不夠熱情之類的，當然就會讓人覺得缺乏誠意。

別人的感覺是一回事，好歹你還想要改，問題是「誠意」這個東西要怎麼改？**其實不是誠意的問題，而是你的基本功不夠好。**

誠意跟基本功之間，有什麼關係？

如果你不能夠認真一點，該點頭時不點頭，該鞠躬不鞠躬，看起來就是一副很不禮貌的樣子，怎麼會有誠意？要是你的發音不標準、音量不夠，也有可能是咬字有問題，或是回應不夠精確等等，人家聽了不舒服，又怎麼會覺得你有誠意？

所以，你表現出來的樣子到底禮不禮貌、客不客氣，這就是誠意的意思。要表現出誠意，就要表現的完整啊！要是一副不太情願的樣子，就是沒有誠意嘛！對方就是這樣給你下評斷的。

「缺乏誠意」是一種感覺——人家心裡的感覺是這樣，不管你怎麼想，該做的總是要做出來。就好比一個演員在戲中要表現出最高敬意，要是隨便點個頭就離開了，觀眾當然感覺不出有什麼誠意呀！如果來個九十度的鞠躬，好幾十秒才起身，是不是比較有誠意呢？

人跟人在一起，人心隔肚皮，有時真的沒辦法看出對方有多少誠意。要是你一直說：「我很愛你。」可是做出來的行為卻讓人不敢恭維，一天到晚尋花問柳，那人家怎麼知道這句話究竟是真是假？

你大可以說：「我真的很愛你，只差沒把心掏出來給你看了！」沒辦法，對方感受不到，是不是？

所以，不需要辯解自己到底有沒有誠意。別人評斷你上不上道、有沒有水準，看的是你有沒有做到圓滿、做到完整。既然要讓人家感覺有誠意，該講的話就要講清楚，要用心，沒那麼多的口頭禪，這些都要表現出來才有誠意。要是愛理不理的，講沒兩句就玩起手機了，何來誠意之有？

以技術性的角度來說，「誠意」就是做好基本功。天天練基本功、拿得出水準的人，一定比較有誠意，沒練足基本功的人，永遠還是略差一籌。現實的人生就是一分錢、一分貨，有練才有功。下過苦功的人，才有辦法展現出真正的誠意。

第5章

當一個成功的傾聽者

傾聽別人說話時的重點

在傾聽過程當中，有非常多需要注意的事情。這裡把重點簡化歸納一下：對方講話的時候，你要很認真地看著他，這是最基本的尊重態度。

除此之外，還有一件事情很重要：一定要了解對方在講什麼。如果你並不了解他在講什麼，只是故意在那邊聽，裝作一副很認真的樣子，最後一定會出問題；至於出什麼問題，就看你跟誰講話了——可能是工作搞砸了，可能客戶跑了，或許是你媽會罵你，或是情人要跟你分手，或是被人家揍等等。

對方跟你說話，通常會有一個目的。千萬不要傻傻呆呆地讓對方一直講，聽不懂的又不問，等到對方講了兩個多小時，才發現自己聽不懂，講了這麼多卻沒什麼結果，對方之後就不想跟你說這麼多話了。

當對方講到一些重要之處，你覺得很感動或很有趣，雖然不一定要附和，但要記得給予回應。**你要讓對方知道自己聽懂到什麼程度，而且有興趣接著聽下去。**這是傾聽裡很重要的一個步驟。

然而，身為一個傾聽者，也有自己溝通的目的。

若聽到對方講出自己的秘密，你就得靜靜地聽，讓他娓娓道出。如果傾聽的目的只是想讓對方開心，就得在適當的地方附和，讓對方繼續講下去。如果目的是要跟對方交朋友，你就得一定要知道他在講什麼，對他所說的內容給予回應。當對方講完了，輪到你回應了，你要說些什麼呢？要是無話可說，那就完蛋了。

傾聽時，除了要了解對方講什麼之外，也得讓他講得痛快，能夠傾訴所有想說的話；而不是當對方講到一半，你就告訴他：「好啦，好啦，我知道了。」如此一來，再有熱情的人也講不下去了。

你要讓他講到滿足、講到舒服，要讓對方覺得你很有興趣聽他說話，是相當高段的招數。如果你聽得很痛苦，在那邊坐立不安甚至玩起手機，對方當然就講不下去了。所以，你必須在傾聽時表現出自己有高度的興趣。

當然，這也要看你說話的目的為何？時間夠不夠？不是任何場合都可以這樣搞的。

假設你的某位客戶每天都要找你講好幾個小時的電話，其他的生意就不必做了！你要適時地告訴對方，你已經聽明白了，這場談話必須要結束了。不過，如果是談情說愛的場合，或是要去解開一個人的心結，你一定要讓對方把事情講完、解釋清楚，讓他講到爽為止，這是你跟他説話的目標。

所以，在「傾聽」裡頭，你要知道自己的目標是什麼，要如何運用傾聽的方式達到目的。

訓練自己聽懂別人説話

首先，你必須先具備一些談話的基本守則，這些部份在前面章節已經提過。除了這些之外，語言表達的能力，必須要有某種程度上的修養。

訓練自己聽得懂對方説話的重點，在於你必須一直思考，而且要真的有興趣了解對方説些什麼。只要有任何一個不懂的細節，就必須拼命地提問，直到真正懂了為止。

然而，最重要的訓練是必須跟很多人講話，而且是很多不同類型的人講話——從小孩子到老人家、三教九流的人都要接觸，隨時隨地不停地去磨練自己，不斷增加了解對方的能力。你要思考對方的需要、講這句話後面的意思是什麼，他心裡真正的想法是什麼。要是你不能了解，最簡單的方式，就是一直問，一直講。

講話跟練球、練拳都是一樣的，講究的就是一個「功夫」。不管在怎樣的情況之下，你都可以解開那個結，要達到這樣的技巧跟境界，完全要靠「練」。

練習當中有很多的小招數、小技巧，除了每個招式都要練之外，最重要的是必須有足夠的實戰經驗。在書裡的練習方式，畢竟不像開課可以實際訓練，只能告訴你一些基本的理論。如果你真的有興趣，我們有相關的課程可以提供學習，你甚至可以選擇去上專業的溝通課程。

在生活裡，溝通的磨練得要不斷地進行，做多了總是會比較熟悉。但是，不能每次都練一些固定的套路，招式用老了就會被破解，就會被嫌棄。既然要練，就要練得深、練得廣，而且要持續不斷，配合實戰經驗一直地練下去。

每天持續跟不同的人講話，而且要保持興趣去了解他們說些什麼？同時也要去上課讓自己的溝通技能更加精進，這就是一門藝術、一門功夫。「功夫」，一定要長年累月地下過苦功，才會達到爐火純青的境界。

聽話只聽字面上意思，會發生什麼問題？

要是聽話只聽字面上的意思，但這並不是對方真正要表達的內容，當然最後的結果就會被扭曲了。至於後面會發生什麼事，就看你跟誰在一起、發生什麼問題，事情的嚴重性到哪裡。

人生有許多時刻，若是不懂得聽出話裡的意義，只照著對方字面上的意思去做，就會搞得彼此都很尷尬。比方說，駕駛教練站在你的對面。他叫你右轉，他講的是自己的右手邊，其實他的意思是叫你左轉，你若照他字面上的意思去做，結果當然是轉錯方向。

再舉個例子。你跟客人說：「吃吧，拿個糖果吃，別客氣！」

對方說：「不必不必，我不想吃。」其實，人家只是客氣。

在宴會場合上，有人對你說：「來，敬你一杯。」

你說：「不客氣，不客氣。」但其實你沒發現，人家並不是真的那麼想要敬你，他只是客套，做個表面功夫。

或許你心裡會想：這個人怎麼這麼麻煩，講個話都拐彎抹角的，字面上的話都不算數，還要人家去聽出其中的端倪？偏偏很多時候，就是會遇到這種情形，尤其是在一些社交場合上——你明明很餓，但為了要表現出禮貌，不好意思麻煩主人請客，你就會說：「我飽了，謝謝。」這當中有沒有其他的原因，我們暫且不去深究，反正就是講不出心裡真正想要表達的感覺。要是察覺不出後面隱藏的意思，最後當然會發生很多莫名其妙的狀況。

所以，除了聆聽對方字面上的意思之外，一定也要學會「察言觀色」，察覺對方心裡真正的意圖是什麼；有很多種特別的情況，光靠字面上的意思是很難判斷的，就算簡單的「我愛你」三個字，都有很多種涵義。

當對方說話時，你一定要注意對方身體的動作、表情、眼神與當時環境的狀況。比方說，他說話的時候是不是受到威脅？是不是顧忌隔牆有耳而不願透露太多？是否有心事縈繞心頭，導致說話很敷衍……這些前因後果都要徹底了解，仔細觀察那些字面上沒有透露出來的訊息；如果只聽話的表面，你不僅沒辦法知道他想要表達的真正意思是什麼，也會誤了大事。

怎樣吸引對方傾聽我說的話？

想要吸引對方傾聽，怎麼做？其實非常簡單——你講的東西人家要聽，講的東西好聽、有意思、具娛樂效果又有充份的內容，聲音這麼地動聽，詞句有非常高的文學素養，他很想聽這些，他覺得有趣，沒聽到實在太可惜了……種種能夠吸引的元素全都具備了，就會讓人聽了還想再聽。這是每個說話的人都希望達到的水準，至於結果是不是如你所願？就得各憑本事了。

當然，這可是不得了的能力。從聲音、言詞、內容、速度，一直到對方的需要與想要聽的，全都要抓得很緊，才能夠讓人一直聽下去。如果你講的東西很無聊，或是講兩三句就不知道要講什麼，不精彩，對方當然就走人了。

很多男孩子在追求女孩子時，希望說話能夠吸引對方，就得先學會把話說得夠好聽才行。要是沒有話題，講不出什麼內容，只會問人家吃飽了嗎？喜不喜歡這個？我們去哪裡玩……然後就沒話講了。這種約會方式，不管是誰都會覺得非常無聊，也沒有辦法吸引人。

當人們在聽音樂時，這首歌唱得很難聽，不必聽完就換下一首了。如果唱得好聽，同一首歌聽一個月都不嫌久，怎麼聽都開心。要達到那種水準，當然功力得要那麼高才行，不可能有那種很難吃的東西還要強迫別人吃三碗，這是不可能的事。要是你講話這麼難聽，話題非常冷門，內容又那麼地乾澀，你的見解甚至讓對方倒盡胃口，怎麼要求別人聽得下去呢？

所以，説話除了要某種程度上的附和之外，還要具備一些創意的表現，讓對方感覺彼此都很投緣，跟你説話非常有意思。如果沒有這種好感，就很難繼續講下去了。

你可以把這種吸引人的説話方式認定是一種「技巧」，但是，如果真的沒有什麼內容，光有技巧也是很無聊的，那種説話模式就像伴遊一樣——什麼叫伴遊？就是我可以有這個説話技巧吸引你，但是你得付錢聽我説話，兩人的互動關係就變成一種交易。

「好吧，我可以服務你，但我是看在錢的份上。」

因為我對你沒有興趣，看在錢的份上，所以我就用能夠吸引你的方式跟你説話，這種説話就變成一種職業的技巧。有很多的工作，是靠這種技巧混飯吃的。

就好比説，我煮飯很好吃，你付錢讓我來煮飯給你吃，我們之間並沒有什麼特別的吸引力或感情，會在一起純粹就是一場交易。但是，如果你要吸引對方，完全是要靠情感的交流，一定要讓人家喜歡。就像你長得很漂亮，打扮又很好看，人家自然會多看你兩眼，視線離不

開你……千萬別小看這種能力，這可是紮紮實實的功力與水準。

說話要有這種功力，當然是得靠練習才練得出來。你得寫好逐字稿，一個話題接一個話題的揣摩，想辦法去創造火花。只要練多了、練夠了，火候到了一定水準，人家自然就願意跟你講話。這就跟打球一樣，球技好的人，任誰都想跟他一起當隊友，球技差的人就只有坐冷板凳的份，非常現實。

人活著，就屬說話最有意思，這是絕對不能缺乏的能力。要吸引對方的傾聽，一定得下功夫苦練。所以，奉勸你就天天練吧！

要如何避免「言者無心，聽者有意」的事情發生？

「言者無心，聽者有意」，就是當你在說話的時候，並沒有考慮到聽到的人有什麼感覺，聽的人可能會有別的想法或是曲解的可能性，所以你在講話的時候，要關注聆聽者的心情與反應，這就是說話的人需要負責的部分。

或許，你在說話的當下確實是無心的，也不能扣帽子說你一定是故意的，但你必須要負責讓聽的人能夠了解你是無心的。

有些時候，你想不到那麼仔細；也有些時候，別人會有不一樣的解讀，你以為這樣，別人卻以為那樣……很多奇奇怪怪的想法，你沒有辦法百分之百地揣測到對方怎麼想，也沒有辦法去解釋。所以，最好的方法就是當你說話的時候，所有可能造成誤會的灰色地帶，都得要特別加以解釋清楚，這是最好的方法。你把要表達的事情陳述地非常完整，把意圖表現得非常明確，儘量做到能夠表達的極致——**就是直接告訴對方你真正的意圖是什麼，讓別人沒有扭曲成其他想法的機會。**

譬如說，你跟同事說：「你要帶傘。」你想的很簡單，就是怕出門之後會碰到下雨。但是別人聽了，可能就會想：「你叫我帶傘要做什麼？要打狗還是遮陽？」「帶傘是不是有什麼特別的意思？要擋住老闆的視線嗎？」可能性太多了。

但是，當你跟人家說要帶傘的時候，只要多補一句話：「昨天的天氣預報說會下雨，我希望你還是帶著傘。雖然麻煩了點，萬一遇到下雨就不怕被淋濕了。」

只要這樣解釋就好了，其實沒那麼困難。你跟對方講這句話的時候，一開始的意思是什麼，要很清楚地表達出來。如果你說話怪里怪氣的，人家也會覺得你很奇怪，好像話中有話，就會變成「言者無心，聽者有意」。

再舉個例子。你說：「我很欣賞李小姐。」

其實，你只是欣賞李小姐這個人很優秀，沒什麼特別的意思；但旁邊聽到這句話的人卻有非常大的想像空間，如果沒把話講清楚，可能引起不必要的誤會。你永遠沒辦法知道李小姐可能剛訂婚，或是她剛跟男朋友分手，雖然你對她沒什麼特別居心，這句話只是很單純地表達欣賞對方的意思，但你根本不曉得聽到的人心裡作何感想，這句話傳到她前男朋友的耳朵裡，又會發生什麼事情。

最好的方法，就是多補充一些資料。你可以說：「我很欣賞李小姐。那天跟她交談的時候，我覺得她這個人說話很直接！」

「我請李小姐幫我訂票，她的表現很專業，我對她印象很不錯。以後要買票，可以請她幫忙！」

「上禮拜李小姐來到我們公司，談笑風生，進退得體，給人的印象很好。她還幫我們團隊講了很多好話，給了許多很有建設性的專業意見，我覺得她這個人的氣度非常好！」

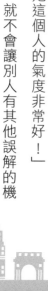

如果是這樣講，把欣賞對方的部分做一個更深入的解釋，就不會讓別人有其他誤解的機

會。**你要叫別人做某件事情，或是要交待什麼事情，一定會有原本的意圖，說話時一定要告訴人家你的意圖是什麼。**

說話不必花錢，真的不需要省，多補一兩句就清楚多，效率更佳！所以，不要講一句讓人覺得莫名其妙的話，聽起來沒頭沒尾的。

「我覺得你媽好厲害喔！」後面就沒下文了，人家就會覺得，這句話是不是有其他的含意？如果你是這麼說：「我覺得你媽好厲害喔！那天去講價的時候，她一針見血地跟老闆說出這是水貨，不該賣這麼貴，人家就算她比較便宜呢！」

這個時候，別人聽了就不會覺得有什麼奇怪的地方，心裡會曉得原來如此。

把這些話後面的意圖講出來，而不是講得模稜兩可、難以捉摸，不要故意講得好像有什麼玄機，還要讓人去猜測你真正的意思，這時聽的人就會有很多想像的空間。只要把原本的意圖說出來，即使是無心，也要把你無心的意思表達出來——為什麼你是無心的？講這句話沒有什麼特別的想法，只是覺得很有趣，大家開開玩笑之類的。

錢可以省著用，話不能省著講。有很多話其實只要多說一些，就可以避免許多不必要的誤會。把意圖講得更清楚一點，也不過是多那麼兩句話，效果就會非常地不一樣。該說的話絕對不要省，也不要抱著偷懶、盡量少講兩句的心態，這會讓你得不償失。

在說話時，如何能夠避免被人誤解？

這個問題，跟前面避免「言者無心，聽者有意」的問題有類似之處。被人家誤解，就是你講東、人家想西，或者你講的是A，人家想成是ABC，他加油添醋地想了一堆，比你原本要表達的意思還要多，甚至完全變了樣。

有很多時候，其實對方並沒有故意曲解的意思，但你表達的內容卻讓別人有這樣的感覺。為什麼會這樣呢？因為表達得不夠清楚。

說話被誤解這件事，不管是說話的人或是聽話的人，兩邊都可能有問題。為了能夠把自己的意圖講得很清楚，讓別人不要誤解，最好的方式就是講話不要只用一種表達方式。

比方說，你跟對方約好明天五點見面。你不要一直跟對方說：「記得明天五點見面啊！」這樣就不是很好。你最好跟人家說：「我們明天是下午五點鐘，在你家裡見面。」然後，用不同的方法再講一次，提醒對方說：「明天是一月五號，禮拜四，我到你家之前會先打電話給你，不見不散喔！」你必須不厭其煩地用各種方式多講幾次，才不會讓人記錯時間，誤以為是下禮拜。

說話時最好不要太簡單、太隨便。若是說錯了話，或是讓對方誤會了，後果將不堪設想。就算你是跟很熟的老朋友約見面，最好還是多講一句，明天是禮拜幾？約在什麼地方？不要以為話講出去了，對方知道了就可以說拜拜了。往往在這種時候，問題就冒出來了。

要避免被別人誤解的最好方法，就是當你在講一件事的時候，要跟對方確認他聽到的內容是什麼？我這樣講，你認為我的意思是什麼？只要對方沒搞清楚，你就再講一次。

你跟朋友說：「等一下，咱們一起吃頓飯吧！」人家以為你要請客，不付錢沒關係；可是你的意思不是這樣，誤會就產生了。這並不是誰對誰錯的問題，而是這件事情要怎麼做，一定要講清楚，要是對方誤解了就會傷感情——尤其是牽涉到錢的事情。

所以，避免誤解的最好方式，就是再三確認。換句話說，**每一件事情最好練習有三種不同版本的講法，用不同角度去解釋同一件事情。**不管是簽約、跟人家進行買賣交易或是講事情、約時間，要在誤解還沒發生之前，用各式各樣的方式再解釋一次，確定對方完全了解。

不要每次都講一樣的話——如果對方聽不懂你的表達方式，就算說第二次還是一樣聽不懂。你可以換一個例子、換一個用詞、換一個地點、換一個時間等等，從不同的角度切入。

假設你要約一個人吃飯。第一次你說：「我們一起吃飯吧！」第二次，你說：「不知道你喜歡吃日本料理還是中餐？我請客，這頓算我的，我們再約時間吧！」你讓他知道你要請他吃飯。然後，你可以再跟他說：「我請你吃飯是為了要感謝你呀！你就不要跟我爭了吧。我先講好，你可以帶老婆孩子一起來。」

千萬不要每次都說：我請你吃飯、我請你吃飯、我請你吃飯，也沒解釋清楚到底吃飯要幹嘛？這樣聽起來非常地機械化。如果他沒有聽懂，同樣的話還是會一直被誤解；有時造成誤解的程度簡直讓人下巴掉下來都搞不清楚，為什麼原來的話會變成這樣！

你一定要確認對方現在理解的內容是什麼。當你講完之後可以換他講，你便會發現這當中可能會存在許多落差，此時便需要再補充講解一次，這應該是第四個版本——也就是說，你要解釋的方法有三個版本，第四個版本是用來輔助的，更進一步地說明，讓對方更能夠了解你的誠意與意圖，也沒那麼多誤解的想像空間，這樣才算講完，大功告成。

多一份用心，就少一份誤會，也才能把話講得比較圓滿。千萬記得，你原本要表達的意圖一定要很明顯，最好多做一些補充說明，才能讓誤解的機率降到最低。

第6章

真心話，如何說出口？

隨心所欲、直來直往地說話，難道不行嗎？

能「隨心所欲」的說話當然很好，這是一種高水準的溝通能力。能夠隨心所欲，不僅自己覺得很舒服，生活也很暢快。但是，有很多人認為自己隨心所欲地講話，卻得罪了別人，或是講出來的話並不是自己原先想要講的，最後的結果並不如預期，這些都是極有可能會發生的情況。

跟一個人說話時，要先看看是否有要達成的目標。若有設定的目標，隨心所欲的說話恐怕無法跟對方講得很好，一般人的功力也沒這麼高。這可不是信手拈來，隨便畫個兩筆就會成為經典之作——**隨心所欲便能成為神來之筆的人，造詣通常都已經達到名家的水準。**

至於「直來直往」行不行？當然也可以，不過效果究竟如何？得要看對象是誰了。你能否在直來直往的情況下，跟對方達到了解與共識？講話這麼直接，對方聽得懂嗎？效果好嗎？聽了舒服嗎？彼此之間是否能夠感動呢？講這些話的意義是什麼呢？

如果對方跟你都喜歡直來直往，這樣的溝通當然就很好。不過，如果對方不喜歡這麼直接的表達方式，單刀直入的說話就會讓他覺得你很粗俗或過於魯莽，他可以有很多種方法來

批評你——如果他覺得你不是順著他的毛來梳的話，就會變成衝突，是吧？

如果你只是單純地喜歡「直來直往」的說話方式，那種感覺有點像在擲骰子比大小，押大、押小隨你便，一翻兩瞪眼。這種說話方式沒有什麼好不好或喜不喜歡的問題，只要你能夠承受對方跟你翻臉的最壞打算，甚至根本不在乎最後結果會怎樣，當然就不必顧慮講話要不要經過修飾。

我們現在所講的「隨心所欲」跟「直來直往」，必須要考慮到藝術的層面。就像彈琴只是隨便亂彈呢，還是即興演奏就很好聽？其實，隨心所欲要達到一定的水準，必然都是練過的。好比爵士樂裡的即興演奏，那些樂師都是練習很久的。如果你希望隨便唱都能唱得很好聽，那也要有很高的天份，還有長期投入的深厚功夫。

如果，你的心態是「不管跳什麼舞，都可以很好看」、「選什麼曲子彈奏，都不必事先準備」，希望一上台就可以跳得很好，平常也不必練習樂團，喜歡演奏什麼就演奏什麼，會不會好聽？聽眾會不會喜歡？這樣的表演好不好看？換成實際的日常生活，這樣隨心所欲的談戀愛方式，是否真的會很甜蜜？那就很耐人尋味了。

說話是一種藝術。我們要透過藝術的方式去表達，得到彼此的共識、分享與感動。如果沒有考慮到這個層面，老實說，不會有藝術的價值。

如果你說：「我不需要有藝術，我只需要這樣的水準就可以了。」這樣當然也可以，你的層次水準要達到怎樣的程度，完全是見仁見智的。

千萬不要小看你自己所做的每一件事——即使它是如此地微不足道。就算只是去市場買根蔥，跟老闆討價還價，還是很有說話的藝術價值。你能不能把話講到很漂亮，自己講得很隨興，而且對方也很開心？完全還是要看各人的修養與功夫有多深厚。

就算你想隨便找一個人下棋好了。想要下一盤好棋，也要觀察這個人的背景、平常下棋的頻率、出招的習慣等等。如果你把這件事當成沒有什麼特別目的，好像孩子們扮家家酒的嬉鬧，就可以隨心所欲，直來直往。但是，如果是在職場上工作，要上台演講，或是去跟競爭對手談判、跟心上人表白、跟長輩講話或是登門去提親之類的關鍵時刻，用這種隨心所欲的態度去講話，大部分都不會有很好的下場。

更重要的一點是，這種隨心所欲的說話有沒有什麼藝術價值？如果你希望說出來的話很有意義，甚至可以錄下來出書，你會隨便說話嗎？或只是在路邊耍流氓，只要比大聲、比氣勢就行？這些都是你自己要去定義的。

既然要把說話當成一種藝術，這個水準的定位是個人的決定，不是只有靠「能不能」、「行不行」的標準來判斷。能，當然能；行，也當然行。但怎樣不能、怎樣不行，這些是你要仔細衡量的標準。

說話「做自己」跟沒禮貌的分寸，要如何拿捏？

「做自己」當然是很好。不過，「做自己」做到讓人覺得沒有禮貌，覺得你這個人很不受教，很沒有品德，表現不良……這也關係到看你跟誰在一起，你想要怎樣的生活品質，希望創造出怎樣的命運。

人生有一件很殘忍的事實：你的分數是由別人打的。你的表現好不好，要由別人說了算。人們覺得你這樣做很不入流，這是別人的標準，如果別人說你沒禮貌，最後吃虧的還是你自己。

在生活中和別人說話的禮貌跟規矩，這些「分寸」必須要了解。關於禮貌的重點，是要讓別人感覺你很重視他。至於規矩，就是該接話的時候你要說話，不該說話的時候不要亂插話。

生活當中有所謂的「分寸」。做人要入境隨俗，要懂得大家要求的標準是什麼。你跟身邊的人在一起活了一段時間，過了十幾、二十年，大家應該都知道彼此的感受。

你講話的時候，希望別人會有怎樣的反應？

別人對你講話的時候，你希望他會怎麼說話？

話要怎麼說，才能讓對方聽了舒服，聽得進去？

這是將心比心的問題。你講話的時候，一定希望別人會仔細聆聽，同樣地，當別人講話的時候，你也要注意聽才對。你一定不會希望自己跟一個在玩手機的人講話，你說話的時候會希望對方能夠看著你的眼睛，認真聽你說些什麼，了解你的意圖，表情要好看，還要有所回應。反之亦然。

「分寸」並沒有完全主觀的標準。不同的國籍、種族，甚至不同的公司、家庭，都有不同的文化跟規矩。人之所以跟飛禽走獸不同，就是要能夠了解這些事情。你不必每次跟長官說話都立正站好，大氣不敢吭一聲，倒也不必這樣嚴肅死板。在什麼環境之下該要有哪些分寸，從小到大，你應該會曉得，入社會之後更應該明白這些道理。

我們在家裡怎麼跟爸爸、媽媽講話？到同學家裡見到別人的父母，又該怎麼說話？學校教我們怎麼應對進退？踏入社會之後，去拜訪客戶要注意什麼？跟老闆、同事說話，又該怎麼說？怎樣去跟別人談戀愛？這些學問都很重要。如果不去管它，人際關係當然不會好——談戀愛不順利，職場上到處碰壁，很難升官發財，朋友也不喜歡跟你在一起。

如果「做自己」做到讓身邊的人都無法接受，根本不能算是做自己。**「做自己」的目的，是能夠讓你跟別人的關係很好，跟環境可以交流，有自由的生活範圍與空間。**真正的「做自己」，意義是非常深遠的。這牽涉到生活中所有的範圍，讓你的生命變得非常美好，而不是自私地認為「我覺得就是這樣」，關在象牙塔裡面自己愛怎麼幹就怎麼幹——這是「自私」，這跟真正的「做自己」有很大的差距。

真正做到「做自己」的人，他的空間裡可以包容別人，不管發生任何事情，都是可以溝通、可以互相交流的，所以包括禮貌跟規矩在內，這些分寸你應該要會拿捏。

說出真心話會傷到對方時，要怎麼樣表達？

這個問題有兩個方向可以探討。

第一個，如果這些真心話是事實，把它講出來會傷到對方時，你必須了解一件事：他遲早都會受傷。不要因為怕傷到對方，所以就選擇不講出來。

怕傷到對方，說穿了是你自己的問題。就像嬰兒在成長的過程，一定會遭遇各種受到傷害的感覺，包括牙齒痛、腳痛、皮肉傷等等，沒有一個小孩子是從不跌倒的，也沒有任何一個人是不曾受過傷的；要是沒有受過傷，也就不知道「痛」是什麼感覺。

千萬不要怕受傷。只有受過傷，才能學習到經驗，才會進步成長。以學習的角度來看，不管是受傷或是傷到別人都是不需要過度擔心的，譬如在學打拳、學練球，你不能因為怕傷到對方，所以就不去練習該怎麼攻擊，沒辦法進步才是最大的問題。

所以，應該會受傷的就讓他受傷，之後再想辦法療傷，或是去面對、去改進、去學習，不能夠因為怕傷害對方而不讓他去面對事實，這是你個人心理上的障礙，必須要去克服。

從另一個角度來看，**真正的事實是不會傷害到別人的；如果它是真的，那事實就是這**

樣。用欺騙的方式把事實隱藏起來，刻意不讓對方知道真相，這樣就不會造成傷害嗎？

比方說，皮膚在陽光下曝曬會受傷，這是一個事實。你不能因為怕對方受傷，於是告訴他以後躲在家裡不要出門，這樣做對嗎？太陽白天就是會出來，如果要出門就是得曬到太陽，你應該要告訴他這個事實，並找出如何預防被曬傷的方法，做好防曬措施。該講的事實就講出來，不會是一個傷害。

關於第二個方向，傷害對方還有一個動機：你刻意把真心話講得很殘忍，用意是想去刺激他，希望他可以了解後果的嚴重性。這種情況時，該要怎麼表達才好？你要不要意氣用事，或是把情緒放在話裡，故意把話講得很難聽？這是另外一種思考方向。

譬如說，你認為對方穿成這樣很不得體。你原本可以說：「這樣穿並不適合你。」

「你這樣的穿法，表現不出你的優點。」

不管講得多婉轉，反正意思就是穿得不好看。但是，如果把話講成這樣：「你穿成這樣，就像妓女！」

「你這種穿法，看起來就是非常下賤。」

要是選擇這種說話方式，雖然講出來的也是真心話，卻必然會傷害到對方。這種傷害呢，跟前面第一種提到的傷害是不一樣的，完全是兩碼子事！第一種傷害是你必須要讓他經歷這個過程，你好好地跟他講，讓他知道這樣做的結果，那麼，這個事實並不會對他造成真正的傷害，反而非常有建設性。

但是，如果你把對方罵到狗血淋頭，讓他覺得在你心目中自己就這麼下賤，簡直是豬狗不如，是永遠扶不起的阿斗，你說話的意圖是讓他覺得希望被粉碎了，不可能會變得更好，那麼，他可能就會想起很多自己所做過不好的事情，這下就真的受到難以彌補的傷害了。

比方說，原本你的目的只是要告訴老婆這樣穿不好看，沒想到卻讓她想起之前跟許多男人發生過的關係，或是勾起過去曾經受過的感情傷害，甚至引起她想要離婚的念頭，這樣的傷害就是不必要的，而且應該避免。如果你想把話說成這樣，這種表達方式就值得考慮了。

至於該怎麼樣去表達，才不會讓對方受傷呢？簡單來說，**講話要「對事不對人」，把這件事情講出來就行了，不要故意有評估、貶低的意味**，或是故意要讓對方很難堪，像是罵對方很低級、噁心、卑鄙齷齪之類的負面詞語。

再舉個說話的例子：「這樣子的顏色搭配太過嚴肅，給人的感覺並不是很舒服。」

這樣講就沒有什麼問題，你只是把你的感覺講出來而已，這也是真心話。

但是，如果你跟他說：「你是他媽的有色盲啊？沒事為什麼要把自己搞得這麼低俗？」用這種評估、貶低的說話方式，就會嚴重傷害到對方，這種情況就是要盡量避免的。

當然啦，這些強烈的負面語氣，偶爾會在生活中表現出來，但平常應該盡量避免，尤其當你希望對方聽到的是事實，而不是聽到你個人的負面情緒，對他的心靈造成難以彌補的傷害。

如果說話時都伴隨著正面的情緒，像是可愛、活潑、開心或是有趣的感覺，對方就不會覺得你在傷害他，就算有些時候不小心傷到了對方，至少你還是很可愛，兩邊的關係就不會這麼糟糕。就像孩子們開心地在一起玩遊戲，當有人不小心被打到而受傷時，他不會生氣很久或是一直懷恨在心，因為他可以感覺到大家都很開心，就算被打到了，對方也是無心的。

但是，如果你的意圖是想要重創對方，你跟他起了正面衝突，你一出手就是故意要讓對方斷手斷腳，這個時候的傷害意義就不一樣了。

所以，當情緒高昂的時候，這些心靈上的傷害可以減到最低，就算你口出惡言，別人甚至還會覺得你說話滿好笑的。譬如說，你做了很多次仰臥起坐，笑了之後肚子會很痛，可是朋友們就故意逗你笑，把你的痛苦變成一種好玩的遊戲；或明明你手臂骨折上了石膏，朋友還故意過來戳你，其實是傷不到的。

相反地，也有很多時候其實傷害並沒那麼嚴重，卻因為對方的表情、言詞、心態都非常地惡劣，這種時候的傷害就會特別痛，特別是當你覺得可惡、無奈、絕望或特別脆弱時。有些父母親在打罵小孩時，並不是真的出手很重，但孩子被責打之後心裡會很恨，那是因為父母的態度、表達方式跟情緒介入所造成的結果。

所以，如果是真心話，應該不會傷到對方才對。不過，表達方式不該帶有負面情緒，用字遣詞要非常理性、溫和，讓對方能夠理解接受，而不是動不動就出口成髒，把對方的人格、尊嚴徹底粉碎。

如果你每次說真心話常會讓別人有一種嚴重的挫敗、害怕或憤怒，表示你在詞句上的修飾要再加強，以免原本的好心反而造成負面效果，這兩個不同的東西一定要分清楚。

要如何誘導出對方說出真心話？

我們都希望聽的是真話，但要如何去讓別人說出真心話？簡單來說，這問題的重點在於

你自己：只要你真心說話，對方也會拿出真心跟你說話，你要讓對方覺得講出真心話有意義、有價值，你希望聽到真話，而且你能接受對方毫無保留的真心話，這一點很重要。

比方在談感情的時候，你問一個自己喜歡的女孩子，究竟她愛的是你，還是另一個人？你要讓她講出真心話，就必須給她能夠說出真心話的空間，你也得讓她知道，或許你聽了會傷心、會難過，但你是真的想要知道她的真心話。

你得讓對方明白自己的心意，而且感受到你是值得信任的人——你是誠實的，你是真誠的，不會因為對方講了真心話就會表現出很不屑、很無聊或是心生怨念，甚至有報復的行為。如果對方感受到講出真心話可能會遭遇危險，當然就會心生芥蒂而有所防備。

既然你希望聽到真心話，對方是否願意付出真心，你必須負起完全的責任。你的態度必須是把對方捧在手心上，對他的誠意、情感都給予高度的尊重。在這樣的基礎上，對方才會跟你交心。

但這個問題提到「誘導」兩個字，便有套話的意味存在，牽涉到表情、態度是否到位？這就像演戲一樣，你不一定是真心的，卻要表現出跟真實的狀態一樣，而且還要讓對方相信，否則是沒有機會的。

一般來說，所有的真心話都是隱藏在心裡，大家都知道要小心應對，不能隨便亂說，如果不是遇到可以信任的對象，是不會說出來的。

在諮詢或輔導他人的時候，「誘導」的目的是為了讓對方更舒服，可以掙脫難關或陷阱。這種說話方式有另一層的意義，但基本上是為了讓對方能夠突破，能夠更快樂。

你要誘導出真心話，就得給對方一些必須說出來的理由——為什麼他必須把真心話告訴你？是為了避免做出錯誤的判斷呢，還是為了更美好的未來？或是不把話講出來，有人會受到傷害？諸如此類的理由。

除此之外，你也得讓對方知道，即使他講出這些真心話之後，不管這些話有多麼重，你都能夠承受得了。你要讓對方有信心講出這些話，且讓他做好心理建設。

要誘導對方說出真心話的重點在於「理由」。你最好先擬出一百個理由，為什麼他非說不可？這些理由必須要有說服力。

在某些場合，對方到底要不要講真心話，其實是看你能夠開出什麼「條件」。如果你的條件符合他的需求，他就會說出來。至於這些條件是什麼，就要看你自己的推敲與雙邊的溝通。這就像在做生意一樣，如果條件對了，價格雙方都能接受，就可以順利出貨。你開的條件夠好，對方願意簽約的機率就高，是一樣的道理。

至於該怎樣去找到這些條件，完全就是個人的功夫。你花了多少時間去了解對方？蒐集的資料夠不夠？當你把這些條件一個一個去比對，對到通通都可以符合對方的條件時，這件事情就會成交，你就可以得到對方的真心話。

對方有他的條件，你也有自己的立場。你得知道，得到這些真心話的目的要幹什麼？當你能夠滿足對方的條件，在溝通時也要讓對方知道你的立場，如此一來，誘導對方說出真心話便不難，問題就看你怎樣去引導，對方能夠表達出幾成，可以把話說得多白、多真心。

有些時候，是你自己受不了別人不對你說真話，或是沒給予足夠的空間，對方還是認為不告訴你比較好；若是遇到這種狀況，你就得自己吞下去。但若是對方不論如何就是不願講出來，那你也只好認了。

第7章

表達，是生命力的展現

把自己的想法清楚地表達出來

首先，你要很清楚地知道自己想表達什麼？你的中心思想是什麼？把自己的構思、想法具體化。其次，必須嘗試以多種不同的方式、多元的角度，把內容表達出來。

這些都是需要事先準備的作業，你得先在腦海中演練過無數次，最好一個字、一個字地寫出來，以聽者的角度檢視自己是否表達得夠清楚，再檢視這些是不是符合自己要表達的。每個例子、措辭甚至須要加強語氣的地方都非常熟練，再試著用不一樣的方式去解釋、舉例，而且最好有很多個版本可以運用。在演練的過程中，你會愈來愈清楚自己要表達的是什麼。

此外，你還要模擬一種狀況：如果對方問到這個問題，該怎麼回答？每個你所能想到的問題或現場狀況，全都必須事先演練過。經過全方位的練習，你得練到不管人家怎麼問，都能夠清楚地把自己的想法表達出來。

至於表達的層次，必須由淺至深。從一開始的開場白，告訴對方你要講的是什麼？為什麼要講這個？詮釋過程中有循序漸進的轉折與承接，每一步都要有具體的說明，到最後也要有明確的結束。

整個表達過程中，要不斷跟對方的思考邏輯、想法進行比對，採用能夠讓他理解的方式表達。你要考量別人會怎麼想、怎樣揣摩、怎樣以為，甚至會有怎樣的誤解，都是必須考慮在內的因素。

我們用一個簡單的例子來說明。假設你要跟女朋友求婚，你希望她嫁給你，想跟她廝守一生。這麼簡單的目的，要如何表達出來呢？

一開始，你要告訴對方你的心情，今天為什麼要跟她講這件事情？

你對她有什麼樣的感覺？

對未來有什麼樣的規劃，讓你做了這個決定？

因為這個決定，你思考過未來最好與最壞的情況？

關於表達，有一個相當明確的衡量標準——**你講得好不好，完全取決於對方聽得清不清楚。**你不應該只想著自己要怎麼表達，怎麼講出我想要講的，而忽略了對方的感覺。

你真正想表達的，就是希望她點頭答應嫁給你，你也想過將來會遇到的所有問題；而她心裡所在乎、會考慮到的事情，你也要有所回應，讓她知道你有顧及到她的想法，而不是你一個人在演獨角戲，只顧著表達自己在乎的。

不管用什麼方式表達，成功的前提是對方要能夠聽得很清楚，覺得這種表達方式能夠接受，而且聽起來很舒服，最後才會達到雙贏的局面。若只是一直想著怎樣把自己的想法說出來，其他的就再看狀況，這樣的誠意是絕對不夠的，成功的機率當然就下降了。

所以，一定要考慮聽者的感受與心情。對方理解的速度、程度到了什麼層次，每項都要考慮進去。你最後的說話成績如何，是由對方來評的——就像老婆的成績是先生打的，丈夫的成績是老婆給的；現在是你去跟人家求婚，就算你講得再好，也要對方點頭才算數。以這樣的觀念做為出發點，就可以把自己的想法順利表達出來了。

表達的方式，一定要循序漸進。那些層次、思考邏輯都是一步步越來越深，不能一下子就講得過於深入，否則沒辦法讓人搞清楚是怎麼一回事。這就像在看電影，在劇情進入高潮之前一定會有些鋪陳敍述，介紹主角的感受、周圍的狀況等等，這些資料一定要漸漸累積，到最後才會知道電影要表達的是什麼。

其實，不管是抒發情感、發表論文或是職場簡報，道理都是一樣。要是一下子就把最關鍵、最震撼的壓軸內容拿出來，沒有人能夠搞清楚到底在幹什麼，過於突兀反而會壞了大局。

所以，在練習表達的過程中，也要一步一步引導對方跟自己走在同樣的步調上，或是陪著對方的速度一起前進。要是一股腦地將要講的話全部宣洩出來，沒有人聽了會感覺很舒服。這就是在練習講話的過程中，要考慮對方感受的部分。

明確表達立場

「明確表達」是講話的功力；至於「立場」則是定位上的問題。許多人的問題，在於沒辦法明確知道自己的立場，或是沒辦法表達清楚；所以，你一定要知道自己的立場是什麼，這會幫助你定位溝通的結果及目的。如果知道了自己的立場，再加上事先準備好的「逐字稿」，當你說話的時候便會更清楚明確了。

在此，特別說明一下「逐字稿」的重要性。

所謂的逐字稿，並不是指說話要照著什麼形式化的模式去套，去寫一篇照本宣科的演講稿，一字不差地講完才能過關。**這份稿子，是讓你很明確地知道自己到底要講什麼，在說話**

之前，必須先在稿子上把思緒釐清。

寫逐字稿的道理其實很簡單。你可以想想，全世界的新聞報導都是有新聞稿的，簡報也常會打上字幕，讓報告者可以看到要講些什麼，目的只是為了省時省事，除了提升傳達訊息的效率，也能輔助講者順暢地表達。要不然，你說話支支吾吾的，人家還得花時間研究你到底在講什麼，溝通效果便會大打折扣。

逐字稿最重要的目的，在於呈現出最好的說話內容，可以清楚的表達思緒。人跟人講話沒辦法完全靠心電感應，尤其當你的傳達對象不只有一個人的時候，對方不見得瞭解你要表達的重點，所以得靠逐字稿上的文字來進行檢視。

逐字稿內容的重點，是把自己的立場清楚地表達出來。如果連你自己都搞不清楚立場，別人就更不可能會明白了。除了搞清楚立場之外，也要找到最適合的表達方式，說話的內容、解釋的角度都要很清楚，幫助自己思路清明，也讓聽者更容易聽懂。這份稿子並不像一般的文章可以盡量咬文嚼字，最好要用平常講話的方式去寫，文字愈淺白愈好，舉例愈貼近實際生活愈有效。

關於立場，包括你對這件事到底有什麼看法？現在到底是什麼情況？不管是在講法律條文或是報告新聞，商業談判或是情人之間的求婚通通都一樣，全部都要明確表達。如果你不是很清楚，就得花點時間去研究，短則可能三天，長者甚至要三年——重點在於你一定要真的搞清楚才行，否則溝通的結果就是失敗。

以求婚作為例子。你說出口的內容、誠意能不能夠讓對方滿足？這就是個人的水準了。要是把話講得吞吞吐吐，對方根本不曉得你到底要幹什麼——本來對方是愛你的，經你這麼一說之後，都要考慮是否該答應嫁給你。這表示你說的內容根本沒有組織，不說還沒事，一說出來反而讓人困惑；就算你有事先練過，也沒練夠。會變成這樣的結果，就敗在你不會說話，實在太冤枉了！但現實往往正是如此，千萬不要掉以輕心。

所以，你要藉由寫逐字稿的過程把自己的定位搞清楚，話語要千錘百鍊，讓表達變得精簡明確，再搭配良好的口齒與親切感，把立場講得明明白白，成功率便會大幅提升，也才能達到說話的最佳結果。

培養談話的自信

自信，就是你做一件事情，你知道會成功，有把握怎麼做會把事情做得很好。簡單來說，自信就是你對自己的信任程度，以及對自己功力的認知；你曉得你可以做到什麼程度，還有你不能達到什麼樣的水準，知其有所為、有所不為。

談話自信的培養，在於一次又一次不斷的練習中，建立在一次又一次的成功或失敗裡。只要練習次數愈多，成功機率愈高，自信程度的百分比也會隨之增加。當你有把握的程度從七成提升到八成，最後至九成九的時候，就可以放心地說：「我有自信。」就算不能保證百分之百一定會成功，但至少有十拿九穩的把握，氣勢自然會散發出來，你自己跟身邊的人都會感受到。

換句話說，**事情做夠多的人就會有自信。若做得不夠多的人也敢說有自信，這種自信充其量不過是自負而已**，因為他不見得會成功，不成功就等於是打擊自己的信心，變成自卑或自貶。

自信是相當吸引人的一種特質。如果沒有自信，生活會很窩囊、不自在。一個有自信的人，別人比較容易被你說服，也有較高的意願跟你合作。你要有自信，才能讓別人信任你，把事情放心地交給你。

說話這件事情，非常直接地顯現個人的性格跟內涵。如果你對自己沒自信，也很難把話講得讓人信服。或許，你對操作電腦很有自信，對彈鋼琴很有自信，對自己身為一個媽媽很有自信等等。但是，你對於自己的整體表現是否真的有自信？這種自信，在說話上頭是沒辦法掩飾的！

「把話說好」這件事為什麼這麼重要？因為關係到你個人的整體分數。和別人交流時，說話是沒辦法投機取巧的！如果你沒自信，不管工作、交友、談戀愛等等各個層面一定會造成傷害，影響生活品質。

自信是說話一定要具備的基本功，沒有辦法靠旁門左道一步登天。你必須數十年如一日地練習講話，找出正確方法去了解與他人的互動關係，提升親和力、內涵與氣質，就算練到了四、五十歲還是得繼續練下去！

說話這件事，是身為「人」所具備的一項特殊藝術。說話的水準可以不斷地進步，可以不受時空拘束，因為這樣，自信也可以隨之成正比。下的功夫有多深，就能讓自信的程度有多深，這是永無止境的。只要朝著正確方向去做，自信便會在生命裡不斷加分。

怎樣的說話方式，才不會讓人覺得過份內斂或張揚？

這是一個表達是否恰當的問題。如果實際的感受或想要講的內容沒這麼多，卻把它講得天花亂墜，像棉花糖只有這麼少的糖，竟然可以把它弄得這麼一大包，別人就會覺得講話太誇張，也就是過份張揚。

張揚的意思就是過於誇大其辭。比方說，你看了一部電影，只是覺得還不錯，當別人問你怎樣時，你卻回答說：「哇！超震撼的！」別人就會覺得很奇怪，既然你用「震撼」兩個字來形容，就表示一定很好看才對。但他觀察你的表情跟接下來說的心得，似乎也感受不到有多麼震撼，自然會懷疑這話是否說得太誇張了？好比等級三的地震，你把它形容成八點五級，就會讓人感覺表達過了頭；如果是新聞，就等於是不實的報導。

至於過於內斂，就是說話不足的表現。也就是說，你的感覺明明有那麼多，但是講話太含蓄，讓對方覺得你說話過度保守，一樣會造成誤會。

同樣以看電影的例子來說，你覺得這部電影有一百分的水準，是影史上空前絕後的經典之作，但從你口中說出來的感覺似乎只有中上的水準，人家也以為你只給這部電影八十分的評價；等到對方發現事實並非如此的時候，他就會覺得你說話太內斂、太保守。因為你的表達不足，便會給人一種「這部電影似乎沒那麼好」的錯誤印象。

當然，這當中或許有一些個人性格的不同，影響表達風格上的差異。但不管過於張揚或內斂，結果都是不正確的，因為對方腦海中所想像的結果跟你口中所形容的並不一樣，這也違背了講話的基本目的。

說話最後還是要讓對方了解，並不會因為你講得比較誇張就了解比較深，也不會因為形容的比較保守，就對這件事情比較有好感！講話不是為了虛張聲勢，講一些虛有其表的話；或是故意表現出很謙虛、很客氣——除非這是你刻意要營造的「效果」，否則影響了對方的了解，對於你真正想要表達的內容莫名奇妙地加分或扣分，這才是真正的問題。

你必須掌握要讓對方了解的內容，而且是完全精確的，你想的是什麼，講出來的就是什麼，對方接收到的訊息也完全一樣。如果你很能說話，把話說得過頭了，就會讓人感覺不夠實在。這就像在看聲光效果很棒的電影，有許多強化感官上的動畫特效，但也不該把它搞得太過頭，反而看不出原本要表達的重點。

換個角度來說，明明你的電影作品有一百分的水準，但這次卻只表現出七十分，觀眾也會覺得你是不是出了什麼問題？為什麼要故意「留一手」？你表現出來的內容到底是腳踏實地呢，還是華而不實？是謙虛保守呢，還是言過其實？人家其實是心知肚明的。

說話實在是非常重要的。就好比純金冶鍊出來的東西仍然是純金的，不應該參雜其他的東西。不管用什麼方式表達，你要說的內容、成分應該還是原來的本質才對。

如何讓表達情感的話聽起來不肉麻？

肉麻不肉麻，完全看個人的見解，每個人的感覺都不一樣。你會覺得肉麻，可能是講的話有點低級粗俗，或是赤裸裸地講一些露骨的話，所以才會覺得肉麻。

舉個例子來看，有些人會說：「你是我冬天的太陽！」其實這種說法也沒什麼大不了，但有些人就是覺得肉麻。有些人甚至會講一些帶有情色意味的不雅詞語，但是這些話肉不肉麻，也要看表達的方式與情境。

如果你很有心，讓對方覺得說話很對焦而且很有自己的風格，就不會顯得肉麻。若是旁邊看在眼裡的第三者覺得很肉麻，那就要看他能夠接受的程度了。有些藝術作品，在許多人的眼裡也是滿肉麻的，這就是個人的標準與層次問題。

要怎樣讓這些話聽起來不肉麻呢？首先，是你真的要有「不肉麻」的感覺。或許你覺得感動莫名，但是並不肉麻。其次，就是在文詞表達上有經過思考、修飾，把這些話非常雅致地表達出來，讓人覺得極富詩意，就不會肉麻。

所以，我一直強調「逐字稿」的重要性，藉著這些稿子把基本功練起來，讓自己知道怎樣把心情與文句合而為一，講得很順暢、很高雅，而不是呈現出過於直接且低俗的感覺。

當你愛上了一個人，可以想辦法讓對方感覺到澎湃的情感，不是隨便講一些堆砌出來的文字，卻不是你心中真正的感受。就像：「你是我冬天的暖暖包、夏天的冰淇淋！我不由自主地愛上你了，嫁給我吧！」

沒什麼經過思考的話，比較容易流於肉麻。如果你真的這樣講，但講得自然又生動，且完全從心出發且融入情感，那又不一樣了！只要下過功夫，好好去講，應該就不會有這樣的情形發生了。

怎樣表達才不會讓人覺得囉唆嘮叨？

説話之所以會變得囉唆嘮叨，有個很重要的原因：同樣的事物講太久了。可能人家已經懂了，但是你還在繼續重複地説，就會變得很囉唆。或許你不是講同一句話，但讓人感覺就是在同一個觀點上打轉，沒有什麼新意，那個「重複」的動作讓人受不了。

如果你「重複」的目的是想要提醒對方，對於同樣的事物，只要有辦法把它描述得更清楚、更深入，把説話的層次再度提升，就不會有問題。如果你是在喊口號，例如：「我們一定會贏！」之類的，是讓人覺得很振奮、鼓舞士氣的，重覆地説仍不至於讓人感覺囉唆。

説話之所以會變成嘮叨，是因為在情緒上有種「多餘」的感覺，包含著擔心、放不開、猶豫、執著與堅持己見，讓人覺得黏搭搭的、走不過去、剪不斷理還亂，逼迫對方一定要接受的意味，對方就會認為你很煩，講不清楚又沒辦法離開，感覺似乎停不下來。這種情況下，就會變成所謂的「嘮叨」。

既然這樣的感覺不是人家要的，不如就乾脆一點，講話快一點，講過的就不要再重複了，同樣的事物不要一直在那裡打轉，也不要一直沉溺在不好的情緒裡頭。

你要先瞭解囉唆與嘮叨的感覺，才有辦法讓自己脫離嘮叨的表達方式——當然，如果你真的是這麼一個囉唆嘮叨的人，最後還是得靠著進步成長，才有辦法突破困境。

我應該用含蓄的語句去表達不滿嗎？

用含蓄的語句表達不滿，是我不建議採用的說話方式。含蓄的表達會讓人覺得要講不講的，就算講出來了又拐彎抹角，好像霧裡看花、似是而非，不曉得到底在說些什麼，搞得人家莫名奇妙。既然要表達不滿，又希望很含蓄，人家就會覺得很假、很作做。

最好的方式，就是不要隨便表達出自己的不滿，但是可以把事件分析一下，哪些地方你覺得不合理？哪個地方是你認為值得再討論的？讓對方清楚地知道你的想法，這樣才是對的。不要心裡不滿，卻又假裝很委婉地去表達，這種感覺會讓人覺得很難受，很虛偽。

你的不滿，其實是你個人的問題，不是別人的問題。這完全在於你有沒有辦法接受這樣的想法？胸襟氣度到了何種水準？要是動不動就覺得不滿，動不動就不愉快，一天到晚都在抱怨東、抱怨西的，然後又希望講得很含蓄——一聽就知道，這樣的人一定不得人緣。

不管別人怎麼對待，都不必有不滿。你可以很清楚地表達彼此有什麼地方可以改進，什麼地方是不對的、不合理的。如果人家沒有不對的地方，也沒有不合理的問題，你還想要表達不滿，問題就更嚴重了；一味地希望別人能讓自己舒服點，那就是自私！

要是對方有錯，你也能夠講得明白清楚，表達不滿倒也沒什麼關係。如果講了對方卻不想改，也沒什麼好覺得不滿的，因為每個人都有自己的選擇——你得要了解，這是你必須給予對方的空間。你要有這樣的胸襟，人生不一定事事都能順心如意，你的負面情緒永遠都是你自己的問題。

至於這樣的問題該要怎麼改呢？就只能靠進步成長，把胸襟展開，把視野拓寬，讓自己能夠更開朗。

不要當一個常在抱怨的人。你講出你的不滿，就表示你想要去改正別人，而不是想要改自己，一定不會有好結果。別人有他自己的思想，有他的生活；你也有你的世界。如果你要讓人生變得更快樂，永遠只能先從自己的問題開始修正，而不是想著怎麼去改變別人；就算心中有所不滿，也不必特別表達出來。**把不滿講出來，只是反應出你自己的「無能」**——無論是思想過於偏激，或是胸襟過於狹窄，事實就是：你沒辦法讓這件事獲得圓滿的結果。

所以，問題的關鍵在於提昇自己的水準。自己的不滿永遠都不必表達，是否含蓄更不重要，這些東西根本不應該存在，也沒什麼討論的餘地。說穿了，這是你個人的問題，等於是情緒上的垃圾，幹嘛去跟別人說呢？自己的問題自己改，改自己，才是人生最正確的方向！

對於不公義的事情，我表達出強烈的不滿，為何常被別人視為情緒氾濫？

前面提過，不滿是你自己的問題，不是別人的問題。如果你要表達對於不公義的看法，你可以把它陳述出來，但不應該帶有強烈的情緒。

溝通應該是很愉快、很有趣的，是講道理的，或是讓別人舒服，能夠聽得懂你要幹什麼。如果你的情緒過於氾濫失控，那就不是在溝通了。

至於公義或不公義，那也不過是你個人的看法，並不代表你一定是對的。或許有人支持你的意見，也會有人抱持著另外的觀點，每個人都可以擁有不一樣的想法。

要表達不滿的意見當然是可以的。但是，如果表達出來的是失控的情緒，而且是負面的罵人、抱怨、詆毀，一直要表達你有多麼不滿意，指責別人多麼不對，這種説話方式就大有問題。為什麼別人會覺得你的情緒氾濫？因為你講得面紅耳赤，講到失去理智，給別人的感覺就是情緒化，這樣當然就不是在溝通。

講事情，就要有講事情的能耐。不管什麼話都得好好講，要對事不對人，若講到捲袖子跟別人打架就變成了挑釁，純粹發洩憤怒罷了。這就不是在溝通，也沒有什麼藝術可言，只會讓人覺得混亂無序，就像發神經一樣。

不管你多麼理直氣壯，都不該把它當成是大家的意見，一口咬定自己是對的、事實就是這樣，別人都是錯的。你應該反過來想：如果別人是對的，你是錯的呢？如果你是錯的，再加上這樣的情緒氾濫，豈不是很可怕嗎？不但沒有溝通的意思，還很幼稚地想要跟別人吵架，這種意圖何來藝術之有？

總之，不管你是不是站在公理正義的一邊，都不要用情緒化的方式説話。這樣的溝通讓人不舒服，別人也聽不進去，就算你説得再有道理，最後都是枉然。

第8章

讚美
可以創造奇蹟

為什麼一定要說別人愛聽的話？

有很多時候，你會擔心把話講得太甜、太好聽，讓對方覺得逢迎諂媚就變成虛偽了，所以說話之前總有一大堆的算計跟擔心。然而，這些都不是重點！說話最簡單的考量應該是：別人會聽嗎？你講話是不是為了讓別人聽進去？如果是，為什麼要去說一些別人不愛聽的呢？你讓別人難受，當然會碰了一鼻子灰。

常言道：「出手不打笑臉人」，至少講一些別人愛聽的話，就不會有人討厭跟你說話。這道理很簡單：**人都喜歡賞心悅目、悅耳動聽的感覺。**每個人都喜歡接近鳥語花香，誰會希望被糞便沾到？說出別人愛聽的話，是很正常的事。

嚴格來說，最好不要講人家不要聽的，只要講出來的話是對方喜歡聽的，就提高了溝通的可能性，彼此了解的機率也更高一點。就算要提出逆耳的忠言，至少也要以對方能聽進去的角度切入，或是朝著對方覺得有意思、有價值的方向去說。要是講不到三句話，人家扭頭就走了，那到底要不要講呢？

你講一些別人比較喜歡的話題或價值觀，可以讓彼此有所交集；並不是說對方愛聽的話就一定是矯情，不該那麼極端地把它搞成非黑即白。這並不是一個非得怎樣或是對錯的問題，而是要考量到說話的出發點：說話是為了溝通，為了能夠和對方講下去，為了得到更多的了解。所以，說別人愛聽的話是一個很重要的方向。

不過，如果你不是真心誠意，故意只講對方愛聽的，目地只是為了欺騙或討好，這又不一樣了。也有些人故意哪壺不開提哪壺，這就是白目了。

譬如說，你遇到一個根本不會打球的朋友，就炫耀自己球技多高明，還知道今天什麼比賽的消息、今年的冠軍賽等等，人家聽得一楞一楞地，下次就不想跟你講話。要是你明明知道人家討厭某個話題，偏偏故意挑那個話題去講，或是講一些冷門的、跟人家不相干的，甚至是刻意找碴的，這就沒意思了。

所謂對方愛聽的話，並非一定要稱讚對方，重點是你講的話必須是事實。比方說，她是個好媽媽、是個不錯的老婆，或是在公婆面前說你有個好媳婦，講一些正面的、與對方相干的內容才有意義。

「你工作的態度是很認真的。」

「你所做的一切，其實都是為家庭著想。」

像這種話，對方就會有想聽下去的感覺。人總是會有優點，只要你能找出別人的優點，講別人愛聽的話，這是非常高尚的美德！

最後，咱們回過頭來檢視一下這個問題。提問者有一種「一定要怎麼樣、非得怎麼樣不可」的意味，有點像在挑釁地說：何必要故意讓人高興？然後就故意不讓人家開心。若是抱著這樣的心態，要怎麼去跟別人互動？做人不需要那麼極端，善意的表達，有親和力的講話，才能真正達到溝通的目的；給人家多一些空間，也等於是給自己更多的機會。

恭維對方，要如何有創意？

這個問題的範圍非常廣泛。咱們得先來了解一下，你所認為的「恭維」是什麼？恭維，講得好聽一點是讚美，講得難聽一點就是諂媚，看起來好像很尊敬，好像要褒獎他，但是話沒講好，很容易被認為是狗腿。

你希望做出比較高尚的恭維，說出來的話就要讓對方感到有真實性，而且讓他覺得你是真正有心褒獎他、欣賞他。說這些話的意思非常明確：就是要讓他開心、讓他爽。既然要讓對方感覺舒服又要有創意，就得要下一些苦功。

「創意」就是新鮮、與眾不同，而非陳腔濫調，這是你個人的功夫，這些靈感要跟對方契合，讓他覺得你說的話正中紅心，覺得這些恭維讓人拍案叫絕，這不是簡單一兩句話就能教會的。在藝術的領域裡，大家把菸抽到爛、頭皮抓到破，都在想辦法創新。獨創的新意非常不容易，必須藉由很多的練習與研究，把專業水準累積到了一定程度，才有辦法創造出與眾不同的內容。

要恭維對方之前，你得先做足功課，除了蒐集資料之外，還得用苦心研究一番。這有點像在插花，花材送到了，你得要構思這些材料要怎麼用？有的要上鋼絲，有些枝幹要調整成另一個角度，或者先把它編織、結合、固定等等，這些都是成品之前的準備工作。

若以煮飯來說，一定會先把大蒜或洋蔥爆香拿來備用，或是先把一些食材給切好、炒好，這些準備是發揮創意之前的必要動作。你可以想出千奇百怪的點子，但創意並不是一次就到位，它是經由很多步驟、很多手續跟層次累積而成，這些手續本身，就是創意不可或缺的元素之一。

說話當中的創意，可以經過各別的特殊包裝。譬如說，你有某位很愛打麻將的朋友要結婚了，就可以用麻將術語來跟他說：「一見鍾情是天胡，自由戀愛是地胡，媒妁之言是平胡。」他聽了，就會覺得挺有意思的。這些創意可能一語雙關，也要符合對方的品味，對方的優點跟希望被讚美的地方，被你用巧妙的方式點了出來，這就是功力。

藝術是經過反覆練習的，而且不只是為練而練，不像反覆搬磚塊一樣只有勞力付出，如果要做到別出心裁、恰到好處，每一個動作都是經過縝密思考計算的。話說出去，只是一次的動作而已，如果每次都講一樣的台詞，一定不會有趣。幽默的人，每次講出來的話都是不一樣的，如果每次的笑話都一樣，那就沒意思了。

所以，創意本身除了與眾不同外，還要不斷地改變——或許有些類似，但還是要不一樣。你不練習，不可能天生就有這樣的功夫！有些人可能天生講話會比較幽默一點，但是如果不再下點功夫，他的功力最多就只能這樣了。過了幾年之後，可能失去了熱情，情緒低落下去，就講不出什麼好笑的笑話，幽默感也消失了。

有創意的恭維，是需要修行的藝術。以戀愛為例，一個男孩子想要追一個女孩子，得要下很多的功夫。他要一直想要穿什麼衣服？要不要戴花？戴哪種花？他的求愛動作是跪下去呢，還是坐在椅子上？他要說什麼才能夠吸引對方？這些都是經過千百次的思考，而不是走過去突然親她一下，兩個人天雷勾動地火，自然就在一起了！

或許，你可能見過有些人似乎很輕鬆地做出相當特別的求愛動作。實際上，這種舉動都是有意識的，都是事先想過、練過、花過心思的。有創意的恭維一定要下功夫，直到爐火純青、信手捻來，即興都能做得很好。這可是不得了的上乘功力！

怎樣讚美對方，才會讓人心花怒放，而不是感覺油腔滑調？

讚美對方的意圖，必須是出自善意的。至於要讓人心花怒放，重點就是能夠講到對方想要被讚美的點——**這個點跟事實、對錯無關，而是他希望被認同、被讚美的這件事情，你有能耐看透，而且把它給講出來了。**

譬如說，有個女人很喜歡別人說她非常貼心。她很細心地在觀察怎樣照顧別人，而且她真的照顧得很好，偏偏老公從來不讚美這一點。你觀察到了，於是你說：「哎呀，妳真的是一個細心的老婆，把老公照顧地無微不至。」

你讚美到她想被人家讚美的地方，她很用心的細節，你都看到了，也講出來了，剛好又是對方希望聽的。她可能努力了十年都沒人説過，剛好被你説出來了，當然就會心花怒放了。

油腔滑調的感覺剛好相反。對方並沒有想要被讚美某個點，也沒有很愛聽，偏偏你拚命講，讚美的點又不精確，在他聽來簡直就是胡説八道，就會給人油腔滑調的感覺。

為什麼有些讚美會那麼「油」、那麼「滑」呢？明明沒有值得讚美的，卻被講過了頭，表示説話的人沒在觀察，讓人覺得沒有心，只是胡扯一堆，也有可能是人云亦云，或只是「為講而講」，沒有讓人特別感動的地方。當對方沒有什麼期待，你卻亂槍打鳥地講了一堆，又沒有辦法正中下懷，就會給人虛情假意，像是巴結諂媚的意思。

這也是做人處事態度上要注意的地方。如果給人油腔滑調的感覺，説出來的讚美就會變成扣分，讓人家心花怒放，當然就是加分；這當中的差別只有一個重點：用心。

藝術，就藏在細節裡。點綴的太多，就像暴發戶的房子，什麼都用黃金打造，到處都是金銀珠寶，只是讓別人知道這房子很貴，那種感覺就是華而不實，沒有什麼美感，跟藝術的境界差遠了。我們要追求的還是格調，所以説話一定要對焦，才是真正的重點。

如何知道自己的讚美過了頭？

讚美過了頭，就是被讚美的人已經感到疲乏了。過了頭，就是能夠吸收的量已經飽和、疲乏，沒那麼興奮了，就像盛開的花朵，再撐下去就是凋謝。

讚美的過程可以比喻成一個拋物線。到了最高點之後就漸漸失去感覺，讚美過了頭，對方自然就會聽膩、厭倦，愉快的感覺就會掉下來，那是很自然的循環。

所以，每件事情都應該適可而止，到了一個非常好的點就要停下來。論語所提的「中庸之道」就是不要過了頭，如果杯子滿了，再加下去就會溢出來；喝酒也是一樣，偶爾小酌可以幫助血液循環，喝到爛醉如泥就是喝過了頭。

要怎樣知道自己的讚美過了頭？當你感覺對方很高興，卻好像有些吸收不了，要是你再講下去，他就會覺得你沒有任何新意，這時就該見好就收。好比在看連續劇時，劇情高潮迭起才會引人入勝，再刺激的橋段如果一直重複，遲早都會過頭，讓人感覺歹戲拖棚、濫竽充數。

以電影來說吧。某個鏡頭很美麗，兩、三秒鐘還不足以展現出它的美感，那就給它五秒鐘，但必須有個拿捏的分寸，知道極限在哪裡。若是拖得太久，觀眾就會覺得：「這畫面是怎麼回事？導演睡著了？還是播片機壞掉了？」就算再美，也要適時地停下來，這才是藝術。

讚美也是一樣。你講個兩句、三句，一直到講了十句，對方都還很高興。講到第十一句，就開始有點怪怪的，講到十五、六句，任憑誰都受不了。

你很喜歡吃甜食，吃了一個巧克力蛋糕還不夠，兩個還嫌太少，吃了三個感覺已經差不多，那就該停下來，再勉強吃下去就過了頭，因為已經吃膩了。

情人在一起也是一樣。兩個人整天膩在一起，能夠開心多久呢？沒有永遠的蜜月期，天天都度蜜月就不好玩了。

所以，説話時一定要觀察，在最高點的時候見好就收。到了山頂還想往上爬，能爬去哪裏？這裡是最漂亮的地方，你應該找個地方欣賞一下這些風景。過了頭，感覺就不對了。

在讚美的時候，你若發現對方好像已經滿足了，臉上漸漸失去了笑容，甚至顯得疲倦、無聊，這都是過頭的徵兆。在還沒有出現這些徵兆之前，你就要適時停下來，然後適當地轉換話題，開心的感覺就會銘記在心頭。要是真的把讚美的話説過了頭，之前的美意就浪費掉了，最後的結果反而變得不美，那就非常可惜了。

「讚美」跟「拍馬屁」要怎麼判別？

讚美跟拍馬屁常有很難分辨的模糊地帶。有時候對方說的確實是真的，但是如果他講得有點假，或者是他溝通的能力不夠好，明明是好意的讚美，聽起來卻會讓人覺得像在拍馬屁。相反地，也有些人在拍馬屁的時候，還有不少人會覺得：「哇！他好會讚美喔！」

老實說，這確實相當殘忍。有些時候，你是真心想要讚美對方，偏偏人家就說你在拍馬屁；當你在拍馬屁的時候，對方又暗自竊喜，覺得你讚美的功力實在太棒了。所謂說話的藝術，只能以個人的感覺來衡量，至於怎樣去判斷當中的差別，讓被讚美的或被拍馬屁的人來表態，其實是最準的。

當然，這牽涉個人的水準與品味，也是相當主觀的問題。當你很喜歡被讚美，或是對方講的剛好是你期待被認同的部分，就算他的意圖是故意拍你的馬屁，你還是會把它當成讚美。

一般來說，你覺得對方是真心的，你覺得他說這些話是對你有益的，話也說得恰到好處，大部份的情況下，可以相信對方是讚美。至於拍馬屁就只是為說而說，對方心裡沒有這種感覺，講這些話的意圖只是為了讓你開心，但是你並沒有像他所說的條件或特色。

當有人對你說：「哇！你身材真好！」其實你很清楚自己很胖，或是你穿這件衣服並沒有很好看，但對方一直誇你身材多棒啊、看起來好迷人吶、風情萬種……隨便他怎麼講，你都會覺得對方只是拍馬屁討你開心。

當然，拍馬屁在某些時候還是挺有用，因為有些人講話的功力不錯，你聽了也覺得舒服。絕大多數的人總是喜歡聽別人講好聽話，如果要去判斷，就要聽從你　心的感覺——對方是不是真的有心？自己是不是真的有這個優點？值不值得這樣地讚美？

有些時候，你並不覺得自己有對方說得那麼好。但說話者確實是有特別用心，他這樣的感覺、看法，還是會讓你感動。只要你可以跟他共鳴，這就是屬於讚美。你必須細細體會讚美跟拍馬屁之間的不同——看對方說話的誠意，看那個人的內涵、格局、品味，還有他是否有做足功課。

當然，有些時候難免會判斷錯誤，不過也沒那麼嚴重。如果是真的讚美，日後你會感受得到。如果只是拍馬屁，那就看他下次是不是還會再拍馬屁？當官位不在、人情不在的時候，你就會知道當初說的那些好聽話，到底是真心話還是虛情假意。不過，不管是拍馬屁還是讚美，只要聽話的人開心，講話的人也開心，大家交交朋友，不需要那麼在乎這些細節與分界。

如何運用「間接恭維」的方式去讚美對方？

間接恭維有兩個意思：第一個，就是透過其他人，你要說的話不是直接跟當事人講。另外一個方式，則是你不直接講到這個話題，而是引用其他的事件，從不一樣的角度來宣揚對方的美德或優點。這樣的好處是比較含蓄，有些時候效果反而出奇地好，因為婉轉表達的感覺沒有那麼突兀，給人一種心思細膩的質感，也更深一層地在讚美對方——**這份別有用心，就是一種高尚的格調。**

藉由別人間接轉達的方式得到讚美，大部份聽到的人都會滿開心的。所以，有些時候你想讚美一個人，但不是直接找他本人，而是去跟他的另一半講，或者是透過對方的親友表達，經由轉述之後，他會有這樣的感覺：「噢！原來你是這樣的欣賞我啊。」

你可以去找對他比較有影響力的人或是特別在乎的人說話，往往比你當面讚美來得管用許多。比方說，先生想要感謝老婆，如果是跟老婆的姊妹淘說自己多麼感謝老婆的付出，再經由這些朋友跟老婆轉述：「哇！妳先生對妳很好喔。從他的話可以知道，他真的好欣賞妳這個老婆。」老婆聽到的時候，一定會心花朵朵開。

此外，你可以講一些故事、新聞或是事件，間接地去讚美某一個人。或許是一個小動作讓局勢大大地扭轉，或是說了什麼話解除了公司的危機，或是釐清夫妻之間的誤會、讓某人有台階下等等，然後讓這件事傳為佳話。

盡你所能地去讚美別人是一種美德，不僅可以讓你更有人緣，對別人也會增添很多快樂。這些間接恭維都是可以設計的，巧妙運用這樣的讚美，效果確實很好。只要平常跟當事人重視的親友、上司、同事甚至鄰居多講一些好話，都會達到間接恭維的骨牌效應。這些動作，對你的人際關係與人們對你的印象都非常有幫助。

面對他人的稱讚，該如何回應才適當？

有時候被別人稱讚時，自己有心花怒放、小鹿亂撞的情況是可以接受的，但興奮過了頭就變成得意忘形，功力不夠好的人，被人稍微稱讚一下，屁股就翹起來了。這端看個人的成熟度到哪兒。

最適當的回應，就是兩個字：「謝謝。」聽起來很簡單吧？要做到好，可是非常不容易呢！很多人就是謝不出來，要嘛不好意思，要嘛就是太得意了，有時候又添加了幾句不該講的話，好像貶低對方的稱讚不夠好，把人家的美意給抹殺掉了。

如果是一般生活的小場面，只須說「謝謝」就夠了。至於一些官方的大場面，有媒體、政要在場之類的，你的回應除了「謝謝」兩個字之外，還要更得體、更完整一點，可能要向主辦單位或主持人表示謝意，對在場的重要長官、同事、父母、來賓致敬。**回應就跟天平一樣，最後是要平衡的**，人家搞了一個那麼隆重的典禮特別表揚你、感謝你，大家都期待你多講幾句話。沒想到你只講了：「謝謝。」就下台一鞠躬，誰會受得了？像這種場合，還是多講兩句比較得體一點，不要讓人覺得你是在敷衍了事。

當你需要表達多一點的謝意時，你可以感謝相關人員、所有幫助過你的人，甚至講一些讓人動容的小故事，再表達內心的感激。你表達感謝的濃度、深度跟時間的控制，都要視當下場合做出適當的調整。

對於人家的讚美，就是給予一個適當的謝意做為回饋。你要練習到可以很自在、舒適地面對，也要表達出自己的敬佩跟感恩。至於要避免的，是給人過於自大或高傲的感覺，態度應該要謙虛一些，但仍然是很開心地接受，表情跟誠意都要到位，這樣才會合宜。

我對於某些人的恭維感到過於虛偽，但也不好當面直接戳破，該怎麼跟這種人表示比較好呢？

感到虛偽是你自己的判斷。既然你不覺得對方是很真誠地在恭維你，但是又想給他一個台階，不想撕破臉，那就要看你跟對方的關係如何？想要保持個人修養到什麼程度？你要讓他知道，你已經看穿了他的虛偽，或是明確表達你並不欣賞這樣的恭維，然後叫他停止。這些意圖，都看你在語言上怎樣表達。

如果你想說：「夠了，你現在就給我閉嘴。」這樣子當然很突兀，雖然沒有戳破，可是又不准對方說話，有點像在給他難堪，讓他下不了台。

比較好的說話方法，就是說：「非常謝謝你，承蒙你的恭維，不敢當。」先對這些讚美給予回應，然後你可以視當時狀況，進一步地跟他說：「我們彼此之間不必這麼客套，有什麼事可以直接講。」

你可以用很委婉的方式去表達，跟對方表達謝意，讚美的心意我接受了，咱們也不必再講這些客套話。你可以轉移話題，或是採用以退為進的方式跟他說：這些話真的是過獎了，目前你聽起來並不覺得很真實，可以等到你做得比較好的時候，再接受這些讚美也不遲。

你不必跟他這麼說：「你太虛偽了！這些話太噁心了，我不屑與你這個小人為伍……」話不必講得那麼白、那麼絕，讓人覺得什麼話都不必再講了。**最好的方法，就是你大方地承認自己沒他說得那麼好，希望大家都可以再學習，再繼續進步。**如果對方聽得懂，便會適可而止。

人們常會說，有些人很會說話、有些人不會說話，差別在哪兒？會說話的人思緒比較縝密，說出來的話也經過比較完整的包裝，他可以把份量很重的話講得很婉轉，這些都是練出來的。如果你沒練過，只想把別人說話的方式複製、背誦出來，其實一定不會精彩。這些話一定要經過腦袋反覆地思考磨練，才有辦法做到超乎一般的高水準。

最重要的，就是你能夠表達現在這個時間點不必講這些事，咱們還有努力的空間，讓他知道你覺得事實並沒有他形容地這麼好。話不必講得太過頭，但還是要把真正的感覺講出來，對方才會知難而退。

如果你一定要把話講得很難聽，也得看看彼此之間的關係如何？要是沒那種哥兒們的交情，這樣講話當然很冒險。在一般場合，我們還是盡量打安全牌，大家客客氣氣、不傷感情為主要目標。

第9章

好話多說不嫌少

要怎樣說別人喜歡聽的話，而沒有逢迎的感覺？

你希望讓某一個人聽了你的話覺得高興，純粹是為了要讓他舒服，或是要去討好他，這就是所謂的「逢迎」。但是，若你並沒有這份心意，或是你說的話違背自己的本意，你只是故意講到讓對方高興，純粹是為了討好對方，這樣當然就很虛假了。

如果只是講別人喜歡聽的話，當然就很容易了。**大家喜歡聽的話都是好聽的，就像是讚美。**你可以講正面的消息，講對方的優點，講一些他喜歡的話題，或是聽了覺得舒服的事情。這不管對哪一個人都是有效的，而且也不算是奉承討好，而是一種「禮貌」，也可以算是說話上的一種技巧。

就好比說，你希望煮出客人喜歡吃的菜。一般人會喜歡吃的菜色，多多少少都有個基本的共識與水準。如果某個人特別喜歡吃辣椒，你每一道菜都特別放了辣椒，很明顯是純粹為了符合他個人的重口味，才用這種方式去討好他。如果是一般人喜歡的、能夠接受的，一定不會採用這樣的烹調方式。譬如大家都喜歡吃的冷盤、熱湯或是佛跳牆這樣的經典名菜，這些都是大家喜歡的，也有一定的標準。這當中的差別，在於你是為了某個人量身訂做的？或者是大家都喜歡的？

平常跟別人在一起的時候，你應該要寒喧問候，說一些讚美或是可愛討喜的話，這些話都是大家喜歡聽的，就不會有刻意逢迎的感覺，因為這是基本的禮貌，表現出你的俏皮與水準。

如果話語中有特別的目地，是刻意要「對症下藥」，是專為某人量身訂做的說話方式，那就有逢迎的味道了。至於喜歡聽的話，大家都是一樣有好感的。

話該怎麼說才會圓滑？

「圓滑」可以有很多種不一樣的定義。有一種是為人處事上的應對進退，給人家的感覺很合宜，無從挑剔。還有一種圓滑是講話不帶刺，感覺不會得罪任何人，講話很好聽，很順耳，跟雞蛋一樣又圓又滑。

話要怎麼講，才會如此地恰到好處呢？除了講話的功力之外，也要知道「人性」是怎麼一回事。只要講話，就一定會跟人有所關聯，當中的學問就在這裡。

如果要打電腦，就要了解電腦是怎麼操作的；要彈鋼琴，一定得要懂鍵盤；要玩智慧型手機，就要知道它的功能。這些「規則」都是固定的，都是死的，你可以自己去練習、摸索，就會知道怎麼使用這些功能。每樣東西都有操作上的方式，在使用過程當中，機器不會因為發生了錯誤而有生氣、討厭、難過、丟臉等等各種情緒，因為它是死的東西。

可是，說話一定跟「人」有關係。所有說話會發生的問題，在討論之前，必須先了解是跟什麼樣的人有關係。為什麼？因為一個人說話給人的感覺，永遠是對方在評斷的。說話是為了傳遞訊息，不能不在乎對方的感受。

以夫妻之間來說，太太講話的分數如何，是丈夫評的；丈夫講話給人的感覺好不好，是太太評的。這些分數都是從別人身上得到的，別人是你的評審，以他的感覺做為你的分數。這當中有印象分數、有個人的喜好，就像藝術評論無法很準確。到底誰的舞跳得比較好？誰做的動作比較有藝術感？這是很主觀的。

人們會認為運動項目比較容易評論高下，得幾分就是幾分，六十八比七十就是輸了，完全是以分數高低在計算。但是，藝術領域有很多是靠「感覺」，很難評分。說話就是一項藝術，之所以很難評分的原因之一，正是跟人有關係，裡頭摻雜個人的見解、喜好、修為，不像棒球、籃球有分數可以比較。或許你說起話來某個人很欣賞，另一個人卻不見得喜歡。

所以，你要把話說的圓滑，不僅你自己的功力要夠好，還得找到有一樣水準或修為的人。即使是有水準、有修為的人，仍會有不一樣的見解，這就已經不是水準好壞的問題了——它會有一個層次。但在層次之後，還是取決於個人的欣賞。

「美」這件事很有意思，它是「人」的藝術，離不開「主觀」。**說話圓不圓滑這件事，得看對方的感覺**。話要說得好，有一個先決條件：必須要了解人，因為你得「見人說人話，見鬼說鬼話」。如果對人不夠了解，或是不願意去了解，是不可能把這門藝術做好的，因為你要溝通的對象是人，這是人與人之間的藝術。

如果是畫畫、拍電影或演奏音樂，就是在跟觀眾溝通；但觀眾之外還有畫評、影評、樂評之類的專業評審，這些人在評論的時候，就是完全以個人的感覺去判斷，他可以說你很好，也可以說你不好；但不管怎樣，最後還是由別人來評論。你的作品並不會因為別人的評論而改變本義及品質，但別人對你的作品有什麼意見，以及評論之後所帶來的影響，就不是你可以控制的事情。

如果你只是要畫一幅畫，自己覺得水準很好，有人來買，看誰喜歡就出個價錢；你可以完全為自己高興而作畫，何必管別人喜歡不喜歡？這就是非常自我的情形——我可以自稱是個藝術家，就是要這樣寫曲子、就是要這樣演唱，人家欣不欣賞是他家的事，即使叫好不叫座也無所謂，反正我就是個「藝術家」。

可是，說話的藝術就不是這樣了。你不能說：我就是要這樣說話，管他什麼叫好不叫座、圓不圓滑——話可就不能這樣說了，因為說話並不是在比賽。你這樣講算不算圓滑，要對方說了算數。你表達的圓滑有沒有價值，並不是觀眾表決或是票房決定的，而是你跟溝通對象之間感覺。你要看你老婆高不高興，要看你岳母的意思如何，要看你老闆的臉色，這也關係到你們兩個人之間的關係、感覺、默契。所以，你得去了解對方需要什麼、想要什麼，到底怎樣說話對他來說才是圓滑。

說話圓滑需要很大的功力，主要表現在兩方面：第一，說話的柔順度，就是說話的基本功要夠好。如果講話支支吾吾的，就沒辦法圓滑；如果講得很不好意思、很靦腆、不順暢，也會讓人覺得不圓滑。講話要講得很流利，必須在基本功上下足功夫，要先做到說話順暢、聽起來好聽，才有辦法達到圓滑的水準。

第二，則是行動與說話配合。並不是要把話講得文謅謅，或是穿插很多成語、典故才行，而是要講出對方能夠聽進去的話，在表達上，該用怎樣的方式讓他覺得舒適，而且容易接受？這跟第一點完全是兩回事。**第一個是純粹的講話功力，第二個則是建立在做人處世功力上**，還要看當時對象，表達關鍵、心意等等，讓行動與心意結合而達到圓滑的境界。

所以，話要怎樣說才會圓滑呢？你得要練好基本功，還要知道在當下的情況，要怎樣去順著對方的感受？它會有一條最順暢的路線，你要負責把這條路給帶出來。這東西講起來是很玄，不過只要是藝術的領域，講起來多少都有這種感覺。

既然圓滑是屬於基本功練習的部分，訓練過程自然是硬梆梆的；但如果要講到藝術上的表現要如何恰到好處，就不得不去練過，練過的人才會有感覺，才會知道什麼叫圓滑。藝術能夠展現出多少味道，憑藉的是以年為單位去累積的功力。你就是要天天練，天天想著要怎麼說話才會圓滑，練多了，就會找到屬於自己圓滑的風格與形式。

甜言蜜語該怎麼說？

這樣的問題看似很簡單，但是答案就沒這麼簡單，要做到完美，可就更難了。

想要講甜言蜜語的心意是很好的，不過這也關係到「藝術」——若是你莫名其妙地講出甜言蜜語，目的何在？

平常講話，正常講就好。忽然講甜言蜜語，人家當然就會覺得噁心，為什麼？因為說話不對焦啊！你一直想著要講甜言蜜語，但你跟對方的關係有沒有好到可以講這些話？人家能不能欣賞這樣的甜言蜜語？

簡單來說，情侶之間的確是需要多講甜言蜜語。如果你跟對方是情人、夫妻的關係，才有資格去說甜言蜜語。這並不是教你甜言蜜語怎麼說，結果回去胡說八道，見到誰都亂說一通，如此一來就得不到好處了。

說甜言蜜語，「對象」是很重要的，基本上就是情人、愛人、夫妻之間，只能針對兩人之間有忠誠、只有一對一、牽扯到「性」的關係，才是講甜言蜜語的時候，否則一說出口就會變得很曖昧，或是變得肉麻噁心——當然，你對其他人也可以這樣說，比方撒撒嬌之類的，但是甜蜜的言語不能隨便找人亂說，說出來會讓人家覺得有什麼特別的意思。

即使是你的老公或老婆，不習慣說甜言蜜語的人還是會覺得這些話聽起來肉麻噁心；但只有對具備這種條件的人，你才能夠說甜言蜜語。也就是說，你們之間擁有「性」或類似的關係，才是比較合宜的。

如果想要在風月場所講這些話，其實並不實在，因為藝術骨子裡必須要包含精神層次，才會真正的美。如果說這些話的目地是為了尋找刺激、亂搞關係，結果一定不會圓滿。在誠意上、忠誠上、精神上都要對焦，這是藝術的基本要求。

你不能這麼說：「我沒有要魅惑對方的心，只是因為我想要擁有這樣的技巧，我有能力講出來甜言蜜語是很棒的。」——至少這不是我的認知。

我個人認為，**藝術在精神領域與技巧上都應該要到位，而且心意上一定要遠遠超過技巧。**所以我很重視心意，很重視誠心與忠誠度，如果這些條件沒有到位就沒有意義——並不是不可以這樣，但是這樣做不會讓人真正的感動，因為違反了說話的基本原則。

如果藝術不能感動人，那還能算是藝術嗎？

人跟人在一起就是要對焦，要能夠感動對方，要能夠有共鳴，可見精神層次有多重要。要有所謂的「真」之後，才能夠有所謂的「善」，也才能夠達到「美」的境界。

這是觀念上的問題，無所謂贊不贊同，就算要玩藝術，也要玩真的。要講甜言蜜語就要有這個心，如果心意不到位，縱然說話技巧再高超，伶牙俐齒、口若懸河都是沒有用的——

技巧超過了心意，就會變成絕對的噁心。

光看技巧要幹什麼？又不是小丑或是馬戲團表演，說話不需要這個東西，人家需要的是「心」。如果沒這個心，你就乾脆不要說出口；有心的人才有資格說話！

甜言蜜語要怎麼說？其實說什麼都可以，但你必須真的要有那份感受。譬如說：「你是我的唯一。」

「我希望能夠愛你億萬年。」

「想念你是一件非常美麗的事情。每次想到你，我就彷彿身歷其境，感受到你的溫柔。」

你要講什麼都可以，情書大全裡的內容都可以搬出來。但是，之所以會講這些話，是因為你有這樣的感覺，這些話對對方來說就是甜言蜜語，跟文詞內容其實無關。

甜言蜜語有趣之處，就在於它給人的感覺很親近，而且是比較誇張的。若以甜點來比喻，如果是不過度誇張的微甜，感覺上就還好；甜言蜜語則是屬於「超甜」的那種等級。

如果你說：「我今天很愛你。」就比較沒辦法給人特別甜蜜的感覺，因為這種說法，對方就會覺得：你是不是昨天不愛我？可能明天你也不會愛我……為什麼？因為它不夠誇張。

「我下輩子還是要嫁給你，只有這輩子實在不夠。」

這樣就算甜言蜜語，因為夠誇張，好像在寫歌詞一樣，但是感覺就是很棒。

甜言蜜語要講得好，就得要有這麼多的情感，然後再用精采的「包裝」把它表達出來。像是：「跟你相擁在一起，就像在花叢裡被包圍著一樣幸福，濃郁的香味，繽紛的色彩，彷彿沐浴在醉人的春風裡。」

這樣就會有甜言蜜語的感受。你用的文辭是比較美麗、比較陽光的，類似花、鳥、溫柔、甜蜜、幸福、陽光、永遠、無限美好等等。把這些具有正面能量的詞彙串在一起，講出你想要講的話，就是所謂的「甜言蜜語」了。

除了練習之外，有一個先決條件：你講的感覺是真的。如果沒有這樣的感覺，老實說，那種甜蜜的感覺是出不來的。就像舞者以曼妙的姿勢表現出美感、演唱者可以唱出這樣的深情，除了他們擁有這樣的技巧之外，在內心上也得有這樣的感受。

講甜言蜜語的人，講出口的話要那麼甜、那麼濃，就得要先有這份感覺在心頭，才能表達出那份深刻的感覺。這就像你在想，要怎樣才能畫出世界名畫？並不是一直畫就會畫出世界名畫，重點在於你的修養與水準。

所以，這個問題會讓人覺得很好笑，因為很多人都會問這種類似的問題。不是問題本身很可笑，而是你並不會因為我告訴你「甜言蜜語該怎麼說」之後，你就變得能夠說出來，就好比我出了一本書告訴你怎麼畫，看過的人都畫得出世界名畫，或是告訴大家怎麼唱之後，每個人都唱得出經典名曲了。這豈不荒唐？

藝術不是這樣的。你一定得要有很多的練習，而且還要練出獨一無二的風格，而不是一直想著：「我該怎麼說，才會說出那種效果？」我只能這麼告訴你：這是沒辦法保證的。如果可以保證，那每個人都可以畫出「蒙娜麗莎的微笑」了，對吧？

如果對方表示不喜歡聽甜言蜜語，就真的不要再說了嗎？

這個問題非常有意思。你得判斷對方說這句話是口是心非呢？還是真的不喜歡聽？是你說得不好聽呢？還是對方不想當你的情人？如果大家都很誠實，世界就不會有戰爭了。

人跟人之間的吵架或是話不投機，都有很多玄機在裡頭。這些對話常常辭不達意、口是心非，要不然就是落花有意、流水無情，兩個人在雞同鴨講，這些狀況讓人十分懊惱。

如果對方真的不喜歡聽甜言蜜語，當然要停止。問題是，既然他已經表達了不喜歡，為什麼你還要問：「真的就不要再說了嗎？」為什麼有些時候繼續說下去，結果還是很好？這表示他還是喜歡的。

有句台語俗諺說：「愛呷假小禮」（明明很愛吃，卻又裝客氣，形容矯揉造作、口是心非），很多人的表達是一個樣子，實際上卻又不是這樣。以我個人的看法，甜言蜜語是多數女孩子都喜歡聽的，尤其當女孩子喜歡對方時，話愈甜愈好，甜言蜜語永遠不嫌多，膩死人也不償命。

所以，男孩子如果會講甜言蜜語，永遠都可以收買女孩子的心。你說這種說話方式矯揉造作、很不真實，其實那些不習慣聽甜言蜜語的女孩子，也只不過是缺乏訓練，聽不夠多罷了。只要這些話是真的，而且又有心，誰會想拒絕？聽了還是甜在心頭。如果真的喜歡上對方，一定會欣賞得不得了。

在某些時候，男孩子也喜歡聽甜言蜜語，男人也希望被人讚美，尤其是提到他的功績、事業、勇敢、聰明等等。也就是說，會講甜言蜜語其實是很好的一種能力，但是你不能一天到晚只講這些，就像蛋糕很好吃就天天只吃蛋糕，不吃飯菜、蔬果，這種飲食方式就會造成營養不均衡。

當對方說不喜歡聽甜言蜜語，通常有兩種理由：第一個，他不喜歡你，你再怎麼說那些甜言蜜語也沒用，不喜歡就是不喜歡，講愈多人家愈覺得煩，這是很現實的。

第二個理由，你說的甜言蜜語不真實。這又分兩種情形：一種是你跟對方明明都沒那種感覺，偏偏硬要牽強地講出來，讓人覺得有點噁心或怪怪的，這種甜言蜜語就不討人喜歡。另外一種，就是你說話很不熟練，或是表達時辭不達意、不夠對味，甚至是幼稚的感覺，讓人聽了不舒服，無法陶醉其中。

甜言蜜語，應該要講對方喜歡聽的，講到人家心坎裡，這樣的功力當然很不簡單。對方向你表示不喜歡聽，並不代表從此之後就不要再說了，你應該回去好好地訓練，把這些話講得更好聽，研究怎樣講才能讓對方的心都融化掉，這才是重點。

要怎樣去烘托朋友的長處？

這是一個富有高度技巧的問題。要烘托朋友的長處，還得先看看你跟對方的關係到怎樣的水準，是深交的朋友還是點頭之交？可以講到怎樣的程度？情形是因人而異的。

基本上，你必須精確地觀察出朋友的長處，還得思考怎樣把這些內容讓別人知道，這就要靠你的表達能力了。最簡單的方式就是有話直說，告訴別人你所認識的這位朋友是怎樣的人？他有什麼優點？能夠直接講出來，就已經很不錯了。

另外一種方式就是間接的，像之前提過運用「間接恭維」的方式去跟別人講。你可以找一個實際發生過的故事，這個故事凸顯了朋友的優點，藉由情節與事實強化說服力。

要把朋友的長處表現出來，而且把它呈現到最好的狀態，你必須得要了解、要觀察、要搜集資料，也要知道這個人的作為，而且得要細心地去把整個故事前後發生的來龍去脈描述出來。

人跟人在一起，除了隨著時間愈久愈深交，你也要去觀察這個人的言行、思想、舉止、心意。你有沒有足夠的觀察能力？你的胸襟有沒有這麼寬闊？有時候，某個人光是撿個紙屑、把杯子放好等等小動作，都代表了很多的意義。

譬如說，別人搬東西的時候，他都會主動過來幫忙，或者是幫人開門、瞻前顧後，有沒有誰東西沒拿或是怎麼幫別人處理事情等等，都顯示出一個人思維極為細膩之處，也是可以放大烘托的優點。

要去讚美一個人之前，你自己要有足夠的火候。若是水準不到，老實講，你想讚美還說不出什麼特別的東西。你得要會觀察，也要有那個氣度，能夠包容得下對方的缺點，才能夠發掘對方到底有多好。

以我幫人作媒無數次的經驗來說，我經常在介紹某個男人或女人有多好。如果沒有花一點心思去研究，其實你所看到的表面並非那麼好，有時甚至只能看到非常糟糕、很可惡、很討厭的缺點，但實際上並非如此。

要觀察一個人的長處，就要透徹地去研究對方的心意。有些時候，他身上的優點甚至遠超過他自己所能見到的，也超過他自己所相信的事實！當你能夠找出一個人真正的優點與善意，你將會很訝異這個世界竟然這麼地美，生命如此地高貴，也會對人性相當感動！這是讓心靈躍動的萬靈丹。

我非常鼓勵各位去練習找出身邊每一個人的長處，並找機會把它烘托出來。這是生活中一種高尚的修為，也會在你的生命中，激起一次又一次讓人心動澎湃的漣漪。

第 10 章

把話說得更圓融

話該怎麼說，才不會說絕？

所謂「說絕」的意思，就是沒有辦法再說下去，這個溝通就斷掉了，兩邊的關係幾乎等於撕破臉，沒有什麼轉圜的餘地。那麼，怎樣才能不會把話說到這種地步呢？其實很簡單，當你覺得快完蛋之前，要給自己留一條後路。

你可以說：「我們下次再談吧！」或是婉轉一些地表達：「事情可能會有轉機。今天話說得比較嚴肅一點，但事實也不盡然如此，或許明天還是有機會。」

就算天天下雨，也不代表明天一定不會放晴，是吧？不把話講到絕，就應該把希望保留給對方。

所謂的把話講到絕、講到死，就像這樣的態度：「我絕對、絕對不可能會原諒你！」「咱們已經斷交了，再也不可能成為朋友。」「這件事就這樣決定了，別再說了。」

在人生裡，並不是下了一個斬釘截鐵的決定，就代表你很有決心，或是事情一定不可能翻盤；不管看起來再怎麼絕望的事情，總會有一線生機。**你不能那麼肯定地說：「不可能！」——什麼事情都是有可能發生的。**

電影會有這樣的片名：《不可能的任務》，其實透露著一個訊息：它仍是有轉機的。如果真的是不可能完成的任務，又何必還要去執行呢？這就表示還是有機會可以達成的，只是困難度頗高，一般人做不到罷了。

每次把話講完，可能已經到了慘不忍睹的局面，對方都準備要去上吊了，可是你還是要給一個轉圜的機會。你今天晚上的決定是如此，明天早上起床之後，是不是還堅持這樣想呢？把話說到完全不可能的樣子，你又多有把握事情一定不會改變？

如果你說：「我一定要娶你，我真的非常非常愛你。」這就不算是把話講絕了——這是一種承諾，讓人家感覺到百分之百的決心。當然，後面的結果或許不見得如此，但因為這是正面的事情，可以讓自己完全展現出誠意。

相反地，如果是一個不好的決定，是一個很糟糕的情況、負面的消息，就不要把話講絕。為什麼？因為人可以改變、事情可以翻轉，遇到再怎麼不如意的狀況，都還是可以逆流向上，讓危機變成轉機。

如果你說：「我永遠不會再愛你！」、「我永遠不會再跟你這種人做生意！」然而此一時、彼一時，風水輪流轉，十年之後會發生什麼事？太難預料了。搞不好現在是他求你，之後反而換成你要去求他；現在你們是漢賊不兩立的仇家，沒多久卻要結為親家了！要是把話講得這麼難聽，以後有可能會自打嘴巴。

不管怎樣，你還是要給對方一線希望，不僅是留給對方一個面子，同時也給自己一個機會。就算機會只剩千分之一，再怎麼說都還是有希望，對不對？這樣的說法除了比較委婉之外，也比較符合真正的事實——世事多變，結果究竟會如何，還真的挺難預料的。

要如何說話才能不樹敵？

說話不攻擊或不批評別人，樹敵的機會就比較少。只要對方覺得你這個人說話很討厭，感覺你不懷好意，似乎語帶威脅或是話中有話，當然就會把你當成敵人。

如果在平常的生活圈子裡，你常讓人感覺你是一個喜歡爭風吃醋的人，或總是話中帶刺，想要諷刺、陷害某人，或者喜歡刻意討好誰……，只要營造出這種感覺，勢必就會樹敵。

所以，**說話最好沒有任何負面的內容，也不去批評別人，這是最保險的上策。**你可以觀察身邊比較有社會歷練的人，待人處事相當圓融；他們不見得都不講實話，但說出來的話卻相當穩健妥當，不會在別人背後說壞話或是到處給予批評，這些行為很容易讓自己陷入四面受敵的處境。

你不需要去跟別人說某個人怎樣不好。你的意見，有很多是個人的評估與判斷，自己心裡有數即可。最常引發的禍事就是「言者無心，聽者有意」的狀況，若被有心人加油添醋把事情搞大了，等到當事者追究源頭時，發現這些話最早是由你說出口的，就算你跳到黃河都很難洗清。

所謂的「樹敵」，也不一定是對方跟你針鋒相對，搞得王不見王那樣；只要他不欣賞你，或是對你有一個不好的印象，也就夠你受了！只要你講了別人的壞話，很容易會讓眼前這個人討厭你，旁邊聽到的人也有可能會對你不滿，當這些話被轉述之後，得知消息的人也會認為你這個人很可惡，到處造口業。若是你講了負面的話，又愛到處八卦，不管是被攻擊的人或是旁邊聽到的人通通都會有不好的印象，會樹敵也是很正常的事！

要避免樹敵，其實該做的事非常簡單：平時講話多讚美人、多講好話，就不會有這些問題發生了。

如何營造愉快的互動氣氛？

愉快的感覺，是一種互動良好的氛圍。比方說，你想要營造一個玫瑰花園，希望來逛花園的人會很愉快，你打造的花園一定要種植很多玫瑰花，而且要充滿玫瑰的芬芳氣味。從另一個角度來看，逛花園的人也必須喜歡玫瑰花，兩邊都要達到這樣的共識。

想要營造愉快的互動氣氛，要有很多的條件和能力。首先，你必須對於「愉快」這兩個字有明確的定義。對你而言，怎樣才算是愉快？

或許，團體中某個人講話戳中了你的笑點，彼此說話都很投緣，就叫愉快。

有些人則是興高采烈地玩遊戲，彼此追逐，一群人嘻嘻哈哈，就叫做愉快。

也有些人喜歡安安靜靜地躺在椅子上，聽著音樂、喝杯咖啡，跟老朋友聊些過去共同的回憶，這就是愉快。

你必須先定義什麼是「愉快」，然後想辦法去營造出這種感覺。當你在說話的過程中，會知道互動的標準在哪裡，你要朝著你所定義的方向去修正。

其次，「愉快」的營造，是可以經過計算推估的。我們用比較科學的方法來描述：假設每間隔三秒鐘會出現一個感覺，這種感覺會讓人覺得愉快，那麼，你就要努力讓這種感覺持續每三秒鐘都會出現。如果變成每三分鐘才出現一次，就沒辦法營造出愉快的氣氛了！

再舉個例子。假設噴水池出現直衝天際的水柱，觀眾就會覺得很愉快。如果一個小時才噴一次水柱，那種愉悅感就降低了。遇到節日喜慶的活動，須要不斷地營造歡樂氣氛，在設定噴射頻率時，最好是每分每秒持續不斷發射水柱，才能營造出那種強烈的感覺。

要讓對方愉快，就要有能力逗他開心、接得上對方所講的話，而且要能夠察言觀色。要達到這種水準，你必須耗費多少的體力、多少的精神、多快的速度、多強的力道去營造這種互動氛圍，全都要一併計算。好比辦一個派對需要供餐，怎樣才算是有好的菜色？怎麼樣算是足夠的份量？怎樣才算是適當的步調？這些都可以算得出來。

跟不同的人相處有不一樣的模式，得要一直去嘗試才行。如果沒有這樣的能力與經驗，便會覺得和對方說話很冷清，感覺很不搭調。如果你要營造這種氛圍，那麼，就得把你的定義跟標準設定出來，然後反覆地去模擬演練。

至於要如何去執行？這可不是告訴你「第一步該如何如何，第二步怎麼做，第三步要這樣……」就一定會有結果，因為牽涉個人的能力與標準。簡單地說，你得把自己要表達的完美形態實際地做出來——當然，這要透過千錘百鍊的練習，之後才會有能力去營造出你跟別人都想要的愉快感覺。

交談要如何恰到好處？

所謂的「恰到好處」就是剛剛好，不會太少也不會太多，沒有太過與不及的問題，禮貌、感覺、表情、動作、言詞與示意，都讓對方覺得很到位、很舒服，也讓他覺得自己被完全理解，這件事談得很圓滿，面面俱到，就是恰到好處。

這種境界講得容易，要做到很難。重點是，你得要知道對對方來說，什麼叫做恰到好處。所以，第一個重點是：了解「圓滿」是什麼樣的狀態。

好比舉辦一場婚禮，希望面面俱到，光是某一件事情做到極致，當然不會讓人滿意。從新人進場的紅地毯到新娘手上的捧花，從餐廳的菜色到接待人員的表情等等，每個細節都不能忽略。

說話也一樣。「恰到好處」是一個圓滿的狀態，它並不是只有一兩項特殊技巧表現得很完美，不是你講個兩句話很特別，就能夠把話講得恰到好處。你必須知道怎樣的水準叫做恰到好處？標準在哪裡？當藍圖出來了之後，就要想辦法在現實中把它做出來。

當你要實際執行的時候，就要對所有該具備的元素細節，包括說話的聲音、內容以及態度等等瞭若指掌。你也必須了解「恰到好處」是極有彈性的，在不同場合遇到不同的人、不同的組合，情形都不一樣，但內涵、質感都是一樣的，因為說話的基本功不會改變。

那麼，什麼叫做基本功呢？就是從聲音、表情、禮貌一直到誠意、意願、情感種種，都要包含在說話裡。你要能夠察言觀色，隨時看到對方的表情變化，知道該說什麼才能達到最圓滿的境界，而不是每一次都講同樣的內容，天真地以為「套公式」就可以做到恰到好處！

兩個人互動的過程，並不像一輛汽車踩了油門就會前進，不是對一台電腦按下某個按鍵就會開機——因為人的情緒會變化，你必須要了解現在需要用什麼樣的話去應對。如果不能觀察到對方的情緒、感覺，不了解那個人在當時的情況，就沒有辦法把話說到恰到好處！

圓滿的狀態是會變化的。相對地，要建構這個圓滿的結果所要投入的元素、組織方式都要隨時改變。就好比說，要怎麼樣把網球打好？就是任何一個球過來，你都要有本事接到，而且可以把球打到你希望的位置，攻破對方的罩門等等。這當然是有一些技術性的學問，但是，每次比賽的對手都不一樣，就算碰上同一個對手，也永遠打不出完全一樣的兩場球。

「恰到好處」關係到一個人的實力跟基本功到何種的水準；他必須能夠看到彼此之間的差異，必須能夠主導局勢。與其說是採用什麼樣的技巧，還不如說是基本功的水準程度——到了哪種水準，才可以達到哪種恰到好處的水準。**功力比較好，就可達到境界更高的恰到好處，要是水準差一點，就只能做到境界低一點的恰到好處。**這是沒有辦法投機取巧的事情，完全要靠實力的。

如果你願意下苦功一步一步去練，不斷地增加自己的實力，從業餘等級進步到職業水準，再進軍到世界級的標準，這就是實力等級的差別。當你愈有實力去表達情感、主導話局，能觀察到的細節愈多，才能做出更高水準的「恰到好處」！

要如何應用「以退為進」的方式講話？

所謂的「以退為進」，就是目標要往上跳，所以先蹲下來，這個蹲的動作就是「退」——想要跳得更遠，所以必須蹲得更低。這不僅是運動上的一個動作原理，在生活當中也是同樣的道理。

為了能夠衝刺，為了達到目標，為了能夠有更好的人際關係、爭取更合理的價錢、交到更好的朋友、有更甜蜜的愛情，所有的可能都可以運用「以退為進」的方式——反正目的是為了前進，只好暫時先退。什麼意思？先給對方一些好處，就等於是退了。

「給他好處，那我不是虧了嗎？」

沒錯。但你給了對方好處，接下來他願意跟你簽約，就等於是進了嘛！這就是「以退為進」。

至於在說話上的「退」，也很簡單。你不需要卑躬屈膝，搞得自己可憐兮兮，好像很沒尊嚴似的，不是這樣子。所謂的「退」，就是把好話說在前，先給對方一些讚美，給人家一些空間與能夠接受的理由，讓人覺得你很有誠意，你的態度是先「跪」下來跟人家示好，這就是「退」。

或許，對方可能態度不佳，臉色很難看，也可能根本不想跟你說話；「以退為進」便是一種應對的策略。尤其剛開始往來的時候，最重要的是禮貌，不必去計較我跟你一定要平起平坐，我跟你鞠躬，你也要對我鞠躬——只要你先鞠躬，就表示先退一步了。不管怎麼做，你都得先讓人家感覺到自己的誠意。

為了要退、要蹲、要表示誠意，就要先微笑講一些話，主動跟人家打招呼，對人家表示尊重，讓對方感覺體面。關鍵並不在於對人家講哪一些話——說話的內容並不是重點！不要一直去想那些詞藻要多華麗，或是一定要用些什麼動人的說詞，關鍵是你懂得要先蹲下去，之後才能夠跳起來！先運一下力，後面邁出去的步伐才會穩健，才能夠大步向前走。

退，是為了把自己的根基打得更穩。如果你要進攻，士氣很旺盛，訓練很充足，自然就會比較順利。當你見到有人跌倒了，要扶他起來之前，自己一定得要先站穩，要是連你自己都站不穩了，又怎麼去扶別人呢？如果觀念上能夠理解，在講話上自然就會退一步，給別人空間，也是給自己一個可以施力的支點。

假設你是一個店員，遇到一個前來抱怨的客戶。你可以對他說：「很抱歉，沒辦法讓您滿意，如果我們的服務不夠週到，我們願意接受退費。」「如果下一次有機會為您服務的話，請問您會希望我們能夠怎樣做？」

主動詢問這些話，表示出客氣與尊重，也就是「退」的意思。你現在已經退了，只要對方願意接受，覺得你很有誠意解決問題，就會再多訂一些貨，這樣就等於是「進」了。

一般男生在追女孩子的時候，出去約會吃飯，當然是先退，所以一定會先請客，這就是「退」。不然沒事何必莫名其妙請人吃飯？請吃飯才有機會講話，才有機會追人家，那就是「進」了。有些男孩子小氣巴拉的，每次約會吃飯都說：「我們一人出一半！」人家就不理你了。要求各出各的，就是不肯退讓；既然不肯退，就沒有前進的機會，女孩子認為這傢伙這麼沒誠意，就只好說拜拜啦！

「以退為進」的說話方式，重點是要給對方一些空間，要表達為對方著想的心意。至於你說什麼話並不重要，但一定要把誠意展現出來——與其說是一種說話的「方式」，還不如說是一種說話的「觀念」才對。

如何運用「以柔克剛」的方式，讓對方接受我的想法？

「以柔克剛」是很有意思的一種說話方式。如果以女孩子來說呢，撒嬌用得好，就是「以柔克剛」。如果男孩子非常地固執，堅持不願讓步，女孩子用軟的，通常都會很有用。

若是兩邊態度都很硬，就像兩支鋼管乒乒乓乓廝殺了起來，最後就鬧出人命了。要是對方的鋼管打過來了，你像一個沙包或麻糬一樣，讓強烈的衝擊力道被吸收掉，而不是兩邊硬碰硬，非搞個魚死網破不可。

善用「以柔克剛」的說話方式，勝利的機會非常高。這就像酥皮麵包，一定是一層硬、一層軟，如果烤了脆皮又再包脆皮，然後再用炸過的硬皮來包，三層都硬梆梆，要怎麼吃啊？舌頭都被扎破了。

再以北京烤鴨為例。外層包覆的麵皮一定是軟的，因為烤鴨的皮是硬的。如果包烤鴨的麵皮也是硬的，吃起來的感覺會很不舒服，口感就大打折扣了。

飯糰裡包的油條，最好是用又硬又脆的老油條。飯是軟的，裡面包硬的油條，咬下去時軟中帶脆，搭配得天衣無縫。如果用很硬的餅皮來包油條，咬下去牙齒都快斷了，嚼到嘴巴都痠了，怎麼會舒服呢？

「以柔克剛」的觀念是非常簡單的。如果對方的態度很硬，你就用柔性的話去應付對方。硬的就用軟的去包，軟的就用硬的去攻，這是很正常的邏輯。如果你兇，他就更兇；你說話有一百分貝，他就會回你一百五十分貝；你把手槍掏出來了，對方就會告訴你狙擊手早就瞄準了你的腦袋。這是人之常情，但選擇硬碰硬，只會落得兩敗俱傷。

說話方式要怎麼樣柔？

柔，就是給他空間；柔，就是讓他覺得可以喘息；柔，就是讓對方感覺你是有彈性的，你的姿態是低的，你的身段是軟的，不會輕易崩盤或只有死路一條。你講話的方式，不會是：「我非得怎樣怎樣不可！」

「如果不是照這樣做，我就會要你好看！」

這種感覺就是一種威脅，如果沒有照著你的意思，就沒有任何的轉圜空間了。說話的態度很硬、很強勢，也不過是一種表達的方式而已；若是最後溝通不成功的話，就算再強勢也沒有用。

所謂的「柔」，就是可以緩一緩，要是一天不方便，可以改成三天；這週末不方便，下禮拜也可以。早上來不及，沒關係，我們就等你到下午；下午還是來不及，還有晚上！愈柔軟，彈性就愈大，不管對方怎樣都可以接受，身段愈軟的人，愈能夠讓人欣賞、舒服。

既然要讓對方接受，就是儘量讓他了解彼此有討論的空間，不管在時間、觀念、理論上都可以再談。就算現在雙方的態勢好像井水不犯河水一樣，但也不見得永遠都不會改變——地球是圓的，不同的路繞來繞去，最後還是會相遇。

不過，為什麼有些時候，柔卻克不了剛呢？因為這個柔是假的。不管是表現出三成的柔、七成的柔，都不是真正的柔，要從裡到外完全地柔，空間要夠大才夠柔。如果你可以給的空間只有一吋，那就不能算是柔了，就好比衣服沒有足夠擴展的彈性，屁股一坐下去就會裂開。不過，彈性並非軟綿綿或鬆垮垮的型態，那跟「柔」是不相干的兩碼子事情。

要呈現出柔的狀態，除了說話要柔，思想上也要柔，心態要柔，表情也要柔。你不能只有表情很柔、說話卻很硬，給人感覺就像笑裡藏刀、棉裡藏針。如果你的話很柔，可是表情卻很僵硬，對方也聽不懂你要表達什麼，甚至還引起謹慎提防的戒心，反而造成誤解。

柔，是一種整體的水準。它有特別的質感，不能只是做表面功夫；換句話說，唯有當你整個人散發出來的氣質都是柔的，讓人覺得你寬宏大度、柔情似水，才能夠真正克得了剛。

第 11 章

學習尊重，提升自我修養

尊重對方的話要如何表達？

所謂的「尊重」，就是禮遇他、重視他，對他表示尊敬，讓他覺得自己很重要，這是一個基本態度。那麼，怎樣去表現出尊敬呢？有一點很重要：説話時一定要很認真，不能胡説八道、隨隨便便。你説出來的話要在意對方的感受，要以他為重。

如果你擁有一個非常精緻的東西，一定會很小心的對待它——這就是「尊」。如果這東西隨時都可以扔掉，你表現出來的態度就不會很在意；要是你心裡覺得討厭，就會顯露出低級、卑賤、不耐煩的嘴臉。

如果你拿到了一個沾滿嘔吐物的抹布，就會想要趕快把它丟掉。可是，如果你手上拿的是很重要的護照、存摺或貴重的珠寶，一定會小心翼翼的保存，慎重細心地對待它——這就是「重」。

尊重對方非常重要，卻也很簡單。你就直接告訴對方你很尊重他，基本形式的概念只是如此。如果還要表達得更清楚一些，就不是只有：「我尊重你」這四個字而已，而是更進一步的行動——聽對方表達意見，做事情先問過他，而且要知道他的需求跟想法。

當你有一件事情要詢問對方的意見時，要先搞清楚他的喜好、興趣、他是否同意？在你做出任何決定之前，都要先問過他，這就表現出你對他的尊重。

比方說，你要坐之前讓他先坐下，或問他要不要讓你坐下、可不可以坐在他旁邊；你要挾菜之前先讓他挾菜，或問他需不需要幫他夾一些菜；你要決定出兵或談和，先徵詢他的意思再做決定，得到他的同意之後才去執行，這就是尊重。

如果你告訴對方說你很尊重他，但是，所有的事情都沒有經過他的同意就擅自決定，就算你講到死，人家也不會相信你心裡有多麼尊重他。

尊重，必須做到言行一致。尊重的表達方式就是跟對方討論商量，徵詢他的意見、在乎他的感覺，以他的態度、判斷做為行動的依據。若是沒有用行動把尊重的意思執行出來，就算每次都問過對方的意見，你仍是做出對方不認同的決定，事後也不予回應，對方當然就不可能覺得自己被尊重，而且他會認為你這個人善變、沒心，之前刻意展現的尊重只是作作樣子，並不足以信賴。

在說話上要表達出尊重對方的意思，你只能跟對方很委婉的詢問，表現出特別重視的感覺。不過，這些話若沒有行動配合，人家只會把它當成是客氣的場面話。表面上你什麼都聽他的，可是轉過頭之後你到底會不會背叛他，天曉得？這是相當耐人尋味的藝術了。

話怎麼說是一回事，如果你並沒有那樣的器度與作為，沒有用行動去支持自己的言詞，就會被人扣上「沒有信用」的帽子，話說得再漂亮，到最後一點都不值錢。要表達尊重是很簡單的，但是事實並不是我們自己講了算。若要讓對方真正感受到尊重，還要有另外一番的功夫——說到做到，且始終如一，才能得到真正的認同。

你必須把對方當成非常重要的人，對他極度有興趣，非常在乎他；在如此的前提之下去溝通，表現出來的水準就會不一樣。這是一種說話的責任感，當責任感不一樣的時候，對事情的表態、處理方式都不一樣了。

在商業場合中，如果有貴賓要來拜訪，為什麼要找位階比較高的管理者出來接待？目的就是要讓對方感覺自己受到尊重。你要讓對方覺得把他捧在手心上，就算沒辦法表達得很完美，他還是能夠感覺到誠意，了解自己是受到尊重的。

如果你真正明白什麼是尊重，在做任何事之前一定會請示對方，就像總統套房一定會有專人解釋服務的項目，對於每一項細節的交代絕對都不會隨隨便便，最後還會問你有沒有什麼特別的需求。這些關切的水準，就表現出尊重的程度。

跟一個人講話要讓他覺得受到尊重，就要做好這些細節，就跟從事服務業的精神是完全一樣的道理。認真把這些細節做好，讓對方備受關照到無微不至的地步，相信他就會感受到自己被尊重了。

要如何知道對方有被尊重的感覺？

這個問題可以從兩個方向來討論。

第一個，直接去問他希望怎樣被尊重——當然，對方可能不好意思直接講出來，他希望被尊重，但不好意思要求。你問他的時候，他會表達得很委婉、含蓄，讓你摸不著頭緒，只要多溝通幾次，從對方的生活、行為去探究，就會知道他的底限，不管是親子、夫妻、朋友、師生、職場的各種狀況，都有辦法知道對方需要的尊重是什麼。

有些時候，並不是一兩句話就能知道對方需要什麼樣的尊重，若只聽字面上的意思，你會感到很挫折，覺得自己被欺騙，因為對方告訴你的並不是他心裡真正的意思，就會造成混淆與困惑。

關於「尊重」，每個人都有自己的喜好與標準。在生活中只要用點心去溝通，多問一些對方身邊的人，多觀察他在生活中的言行舉止、如何對待別人、人家如何對他，什麼情況下他會開心，怎樣又會不開心，其實大概都推敲得出來，八九不離十。

如果你對此人一無所知，也很簡單：多跟對方接觸，接觸多了便會有多一點的資訊。如果你做對了，對方就會笑給你看；如果做錯了，那個人就會生氣，這些事情都隱藏不住，除非對方刻意不讓你明白，困難度才會高出很多。你要有勇氣地去面對這些事，也要有去探索研究的精神，才能夠感覺到對方要的是什麼。

第二個方向：**不要期待有「標準答案」**。

你不該期待我會告訴你一句話：「『尊重』，就是買一盒橘子去送給對方！」若你總是希望得到這種答案，只顯示出想偷懶的心態，也不是很用心想了解到底發生什麼事。老是想著那些「密技」、「絕招」，就像學校考試找答案一樣，跟答案一樣的你就照做，覺得這樣回答比較簡單、不會被罵——這都是投機取巧的想法，並不是真正地下功夫。

如果你只想要馬上知道答案，就像選擇題的選項有四個，我告訴你答案要選「三」，你就閉著眼睛直接選了「三」，拿到了分數。但是，這樣做沒有用啊！重點不是選擇哪個答案，而是你是否真的明白。如果懂的話，不管出什麼題目都考不倒，只要不是真的懂，問題改一下就答不出來了。

「尊重」雖然有不同的認知層次，但想了解對方的想法，也不是那麼困難。比方說，親子之間的「代溝」，是指兩代之間的標準不一樣，一個人的喜好、品味、認為的是非對錯，都跟成長教育背景、社會歷練有密切關係。對方不見得會直接講出他的感受，但當你問很多次之後，必然會透露出蛛絲馬跡；也可以從旁推敲，從對方身邊的人物、事件著手探究。如果是一般的朋友或同事，可以透過聊天、邀請活動、登門拜訪之類的機會，接觸多了，就會有所收穫。

如果問這個問題是抱著投機取巧的心態，沒有真正地想要下功夫，不可能會明白當中的玄妙之處。真正的學問，真正的情感，真正的基本功，全都是要下功夫苦練的。如果你真的下過功夫去接觸對方，真的用心去觀察，你一定會看得到重點，答案八九不離十，絕不會誤打誤撞，亂搞一通。

我誠摯地希望各位努力下功夫，對你想要說的話寫出逐字稿，對於當中的每一字、每一句，以及每一次溝通都仔細去感受，這種提升內在的練習遠比你所想像的重要，而不是一直幻想著要找到一步登天的捷徑。

如何說話，才能讓別人覺得自己很有肚量？

你可以假裝自己很有肚量。不過，如果實際上沒有這樣的器度，其實是裝不出來的。真正有肚量的人，才能講出有肚量的話，讓人覺得你有很大的空間、給予別人很多選擇，不會爭對錯，不會隨便生氣，不會小器、耍小心眼，能夠包容的程度相當寬廣。

要讓人家覺得你很有肚量，以下這些話可以多說一些：「沒問題，你的要求全都照辦。」

「沒有關係，這是小事情，別在意。」

「你想怎麼做都行，就聽你的。」

這樣說話，讓人感覺肚量就大了——沒有太多的限制，沒有那些看不見的框框，不會動不動就說這個不行、那個也不行。要是別人做什麼都很容易犯著你，當然就會讓人感覺沒什麼肚量。

所謂的「肚量大」，就是「計較少」。你可以容許人家再三考慮，甚至接受別人的後悔、背叛。這些一般人沒辦法接受的事情，只要你能夠不介意，就會讓人覺得你的肚量大。

當然，肚量要有多大也是你自己的選擇。如果某個人犯下了天理不容的錯誤，就算全世界的人都不原諒他，你還是可以選擇放下，這也是一種肚量。

所以，肚量的大小並不是別人所認定的。你要表現出多少的器量，就講多少肚量的話。有海納百川的胸襟，自然講得出豁達大度的話；若是沒有那個器量，就算你把話講得非常大器，可是別人見你臉紅脖子粗，這些話是打腫臉充胖子講出來的，一看也知道你沒這個肚量。就算你很會裝、很能裝，但事後還是會露出馬腳，透露出你的不願、心疼或不悅等等，日久仍會見真章。

話要講得有肚量，最重要的還是要有足夠的修養與胸襟。肚量是修來的，要有修養，便得多跟人在一起接觸，伴隨著做了很多事情、經過大風大浪、訓練說話技巧之後，器度就會愈來愈大。否則就算你背下台詞，臨場的時候還是講不出個屁，因為對方沒辦法接受到那個感覺嘛！

說話這件事情是非常現實的。你頭腦想什麼，嘴上就講什麼，心裡是什麼感覺，臉上就是什麼表情。雖然不見得每一個人都是心口合一，但是八九不離十，大概看得出來水準在哪裡；更何況日久見人心，是騙不了人的。或許，有些人見過的市面多一些，能夠刻意展現出來的肚量比一般人顯得高了許多。但只要是高手過招，對方的肚量有多少，彼此還是心知肚明的。

說話技巧確實得要練，但是技巧永遠不會高過胸襟跟心意的表達，這是學習說話藝術的人不得不明白的關鍵。就算你經過訓練，能夠說出很有肚量的話，但心裡並不是很甘願，漂亮的話是講出口了，後面的動作做得到嗎？別人還是可以衡量的。

要怎樣了解一個人的感受，去回應適當的話？

這種說話功力是非常深厚的境界，幾乎是一輩子都要練的功夫。就像練拳練到可以護身、回擊，不管別人從哪個方向過來，你都可以見招拆招，非常俐落地打回去；你想做到點到為止、分毫不差，這種能力不是天賦異稟，而是需要「練」的。

絕大多數的人，並不了解練習的重要性。舉例來說，動作電影演的那些漂亮招式幾乎都是套招，真實的打架場面不會那麼精彩，甚至打得非常難看，跟路邊流氓打架差不多。電影是把這些高難度動作事先套好，所以觀眾以為真的可以打出這麼漂亮的招式。然而，現實生活中可不可能出現這樣俐落的武打動作？當然還是可以的，否則電影一定演不出來；但之所以能夠打出漂亮的動作，是因為「練過」，是有專門的指導或高手的指點才能發生的事。

平常講話的時候，要把心裡的感受漂亮地呈現出來，幾乎就等於是電影套招一樣，全部的台詞都得事先反覆地思考，經過很多遍的練習，才能夠講得很流暢。有很多人可以做到很適當的回應，不管跟三教九流的人講話都能搭上腔，這種讓人產生共鳴的説話是一門高超的藝術，關鍵在於平常是否練足基本功夫。

沒有一個生手能在即興表演時，隨便彈一首曲子就技驚四座；那些隨興表演都很出色的高手，都是仰賴平常累積的深厚功力。但你也必須了解：這是可以做到的境界。你要感受另一個人心裡真正的想法，才能夠回應適當的話；在了解對方的過程中，可能要進行反覆地詢問，如果你知道這個人所想的是黑色，就會針對黑色的方向去回應，也比較容易對焦。

當你要回應、示意的時候，有兩種角度可以切入。第一：純粹只是讓他知道你已經明白他所講的內容，但沒表明你的立場或感受。

如果你只是要讓對方知道你了解他，至少要傳達給對方這個訊息：「你所想的是黑色。」

當他聽到你這麼説，就會覺得自己被了解。如果你的回應是：「你想的是紅色。」這樣就不對焦了。當你能夠知道對方心中所想的事情是什麼，就已經有相當不錯的了解程度。

第二：告知已接受到對方傳達的訊息，並表示你個人的感覺。以剛剛的例子來説，你可以回應自己對黑色的感覺是什麼。只要你講對了顏色，後面再講出個人的感覺，就是更深入的回應。這個時候，就沒有什麼對錯的問題了，因為你是在表達自己的感受，讓他知道：「喔！原來在你了解我所想的時候，你有這樣的感覺啊！」

你一定也有自己的見解。若對方真的有水準，一定會允許別人表達出自己的感覺。但是，如果你沒有先講出他想的是什麼顏色，譬如他想的是黑色，你把他想成紅色，然後還很白目地發表自己對紅色的看法，那誤會可就大了！不僅給人的觀感很糟糕，交談時也會有話不投機的阻礙。

回應的另一個重點，就是你必須了解他對於這件事情有什麼樣的感受？他的認同程度有多深？他比較偏好哪一種型式的表達？當你能夠感受時，講出來的話才會對焦。

説話必須像打乒乓球，一來一往的力道是相近的，水準難分高下，過程才會具有張力。如果對話過程中沒有這樣的元素，兩人的認知程度不夠接近，溝通又不夠順暢，就會產生對焦不夠精確的問題。這就好比顏色出現了「色差」——可能對方想的是綠色，你把它想成是藍色；他想的是紅色，你卻以為是粉紅色，因為你了解的內容與事實有一段落差，回應的話也一定是不對焦的。

「了解」，必須保持一顆好奇心，體會對方的認同與不認同；說話的張力和濃度都要對焦，才有機會更深入認識對方，否則便會降低了解的程度，說話的趣味也大大降低了。

舉例來說，有些人說話的內容過於簡單，就像把一張詳細的地圖變成簡略版本，找個大致的方向還是找得到，但不可能在上頭找一些細微的資訊。如果他說的話像是簡化版的地圖，那麼，你的回應也應該精簡明瞭，兩邊才能夠對應得上。

有的人說話則是鉅細靡遺，像是一張詳盡的城市交通地圖，不管什麼地形、地貌甚至各種小型地標都有記載，所有細節都非常精確。當你回應的時候，地圖的比例尺、座標與各種參數等等，都要達到同等的水平。大家的水準都差不多，兩邊的回應都能到位，彼此不失禮，感覺才是舒服的。

要做到適當回應，得先下過苦功才行。至於了解對方，就必須包括多元的層次與深度的掌握，才有辦法調整到與對方完全對焦的程度，這是窮極一生都得琢磨的功課。

如何對於他人的發言保持適度的寬容，而不是縱容？

「縱容」就是不管對方講得好不好，你都不理他，隨便他亂講。這樣的講話根本沒辦法對焦，彼此也不會達到理解的目標。

至於「寬容」，就是不管對方講得怎麼樣，你都會盡量讓他順利地講下去。如果他講得不好，你就幫他修正，也盡可能地去理解。要是他講的不足，你就多問幾次，他形容不太出來的，你幫他補到完整，這是最寬容的做法。你不需要責罵對方，不必去質詢他，就是非常客氣的讓他繼續講，把他沒有講好的部分給補足就行了。

有些人講話很隨便。如果你只是希望把話講到完，大家都不要得罪彼此，就會發生縱容或寬容的狀況。不過，在這種情況下的溝通，通常都無法樂在其中，沒有辦法深入地了解彼此要說的內容。

不管你的態度是縱容或是寬容，表示那個講話的對象是不夠認真的，或是說話的品質不佳，也不可能會有什麼好的溝通效果——好比你拿了畫筆隨便亂畫，不在乎顏色對不對，也不在乎別人看了有什麼感覺，就只是把紙塗抹得亂七八糟，當然不會成為有價值的作品。

如果你對別人的發言需要保持某種程度的寬容，那也只是在禮貌上不得罪對方，但你心裡不一定會想更進一步了解對方，或是想辦法增加一些親和力。你心裡所想的，只不過是在水準如此低落的溝通情況下，大家不要撕破臉就好——在這當中，了解的元素已經不被包含在內。

簡單來說，**要是說話有過多的縱容，那就不必談了；如果藝術也有這麼多的縱容，就不必提藝術了！**唱片隨便灌，這樣也能拿出來賣嗎？鋼琴隨便彈、舞隨便跳、畫隨便畫，有什麼好去研究欣賞的呢？

有些人會說：「在生活中，難免會有這樣的情形發生。」沒錯，遇到這種狀況，你就只好降低標準，不要去得罪彼此就行了。要做到「寬容」，雖然生氣也不要罵他，不要有所要求，只要把標準降低，就不會有其他的問題。

要讓說話這件事成為一種藝術，就得要知道標準在哪裡，對方說話的基本態度是什麼？如果你一直要很小心、很客氣，不管人家講什麼都不要得罪對方，生活品質一定很糟糕，說再多也不會有什麼結果。

關於說話這件事，你必須在乎的是：自己到底要傳達什麼？對方要表達些什麼？如果欣賞藝術是以縱容或寬容的角度去面對，沒有任何要求、沒有調整品質，這些內容是不入流的，不登大雅之堂，沒辦法達到藝術的境界。

藝術的標準要到什麼樣的程度，是因人而異的，但這當中不應該有任何的寬容跟縱容。如果把這些標準通通都拿掉，隨隨便便都過得去了，還能算是藝術嗎？要是你跟對方說話的標準是不發脾氣、不撕破臉就可以了，到最後可能只要把話講出來就好，有溝沒有通也都無所謂了。

我們見過很多情人就是這樣對待彼此，為了寬容、為了縱容，反正不要讓他不高興，就隨便讓他亂講。有些時候，父母跟孩子的對話也是這樣，孩子亂撒野，媽媽就說：「好啦，好啦，就這樣吧！」小孩子發現這樣做不會有事，以後就知道哪邊有漏洞可以鑽。反過來說，有時父母自己亂說話，孩子就會想：「好吧！反正她是我媽嘛……」態度就是很縱容，但實際上大家都沒有在真正的溝通，累積了許多不愉快，沒有辦法得到了解，最後只能不了了之。

這個問題的關鍵，在於必須去修正人生態度並進行品格的管理，否則就沒有什麼好談了。如果連說話都沒有品質，那還要談什麼生活格調呢？這是你應該要去仔細思考的。

對什麼樣的人說話，不需要講道理？

其實，不管對誰都不需要刻意講道理。只有辯論、談判的時候才需要講理，平常說話的時候，道理講多了，別人只會覺得你一直在說教。

我個人認為，人跟人相處自在就好，不需要一直去講道理，好像要證明誰是對的，或是一直解釋怎樣做比較好，這些都不必要。講話就是講話，大家開心就行了。如果碰到喜歡講道理的人就跟他講，不需要講道理的或不喜歡講的人就不必跟他講。不是每次都一定要講道理，這種說話方式其實很無聊，也很沒必要。

不過，有些人就是很喜歡把道理搬出來講。若要跟這種人打交道，姑且就跟他談談，反正好玩嘛，大家聊聊天、打打屁，有時舌戰一下也無妨，重點要以雙方相談甚歡為主。有些人講話很無厘頭，說話毫無內容，但是跟他在一起非常有趣。有些人很會接話，雖然接的莫名其妙、亂七八糟，你不曉得他在講什麼，卻也逗得大夥兒開開心心，沒有什麼道理好講的。

不過，如果這裡所指的「不講道理」是對人很不客氣，那又另當別論，因為這是個人修養的問題了。如果你的修養夠好，應該是不會有這樣的問題出現。

如果遇到自私、霸道、不講理的人，也沒有什麼好去講道理的。要是講道理代表一種輸贏，就讓對方贏也沒什麼大不了的，除非是你自己輸不起。你要去跟他解釋什麼道理呢？人家也不見得會聽，何必自討苦吃？所以，會問這種問題的人，在心態上最好調整一下，不要放太多注意力在講道理、爭輸贏上頭。人生不一定什麼都要贏，也不是所有的事情都要有個解釋。最高的境界是不必講道理，大家都很有修養。偶爾需要講道理的時候，像是辯論時講一講，大家打打嘴砲，輸贏皆一笑置之，也不傷真感情。

如果遇到有必要講道理的時候，請先記住一個前提：對方必須願意聽。其實，我們平常說話都是客客氣氣，尊重別人就行了。如果你只顧著講道理，別人覺得你不尊重他，道理講再多也是白講，而且還顯示你這個人非常沒禮貌。

人生並不是有道理就一定會贏，一定會受到好評。就算你講的話再有道裡，很可能不受大家歡迎，講對了又如何？你心裡沾沾自喜自己說得很有道理，卻又摸不著頭緒為什麼對方生氣不理你了呢？你得明白一個殘酷的事實：道理不是人人都想聽，也不是每個人都希望你把這些道理講出來。如果不了解這個事實，甚至還以為「有理走遍天下」，一天到晚逢人就講道理，最後一定會吃虧碰壁，落得「顧人怨」的悲慘下場。

第 12 章

修正自己，邁向成長之路

我跟別人説話很容易被激怒，該怎麼辦？

當你會問「該怎麼辦」時，就表示你想要改變，這種意圖相當不錯，這將會督促你進步成長。

當我們在談論「進步成長」的領域時，常會討論到生氣、不高興、受不了，或是忍不住這麼地激動，搞得自己無法控制地發洩情緒、常常被人踩到地雷等等。為什麼要討論到這些情況？這些都是我們要改進、要學習研究的區塊。

為什麼會被激怒呢？這就表示，你一定有很多沒辦法理解的地方，或許是待人處世的胸襟過於狹隘，也有可能是很多領域的基本功不夠紮實。這些問題正是需要進步成長的地方，或許多如牛毛，但只要有意願改、有心學習，就一定有辦法解決。否則，你總是感到很掙扎，身邊相處的人也很痛苦，自然就跟幸福無緣，也交不到什麼知心的朋友。

如果發現自己有容易被激怒的問題，那得先恭喜你，至少你已經看到自己的問題，而且還有很多可以進步的空間。希望你努力地進步成長，更深入理解人生的真諦，能夠自在、開心地説話，體會藝術的美好。

我說話時常得意忘形，給人「自以為是」的壞印象，該怎麼辦？

「得意忘形」其實也不是那麼糟糕，有時候還滿可愛、滿吸引人的。表現得恰當，人們甚至還會覺得你是性情中人。有些時候，人們會認為你實在有夠「爽」，但那種「爽」的感覺，也只有在某個時間點才會表現出來，所以也不必太壓抑自己的得意。

「自以為是」不一定會覺得爽，而是覺得自己才是對的，這跟得意是不一樣的意思。至於會不會讓人有「自以為是」的感覺，就得要看跟你講話的人是什麼樣的水準與個性，還有彼此之間的親密程度。有些情況是「情人眼裡出西施」，你愈是表現出得意的樣子，另一個人愈為你感到開心。如果對方感覺你很自以為是，給了一個壞印象的評價，這個時候，就要跟對方進行一些溝通。

「啊！不好意思，我得意忘形，爽過了頭。」

「讓你有這樣的感覺是我不好，我會注意，以後不會再這樣。」

「抱歉，讓你看笑話了，請不要記在心上。」

關於這些不佳的觀感，可以靠溝通得到化解。可是，如果你說話的態度是妄自尊大，常常不理會別人的感覺，這跟「得意忘形」又是兩碼子事。

「得意忘形」是指你非常自豪，說到意氣風發、神采飛揚，講到自己痛快萬分，這是一種不得了的豪情。正所謂「人生得意須盡歡」，真的能夠感到得意，還不是那麼容易的事。如果看到別人很得意，老實說，我還滿替他感到開心的。若有人覺得「得意」就是「自以為是」，其實是他自己見不得別人好，心胸不夠寬闊。

當然，不一樣的人會有不同的感覺，這要看你交的是什麼樣的朋友。當你發現對方有這樣的感覺，就得找機會跟他聊，多讓他講出自己的想法，彼此多了解一點，多注意一下他覺得哪裡不好，下次說話就謹慎一點。

換個角度來說，要是不管你怎麼做，還是有人一直對你有壞印象，那是個人成見的問題。以後你也不太可能跟這些人講太多話，而且跟一個人說話要這麼小心翼翼，也沒什麼樂趣。既然你不能暢所欲言，跟他在一起其實是很壓抑的，沒有什麼話好講，他也沒這麼想要了解你，說話的藝術到此也結束了。你們最多只能相敬如賓、虛情假意，沒有什麼見真情的地方。

如果換成是你去面對一個春風得意的人，我也鼓勵你多讓對方抒發自己的心情，讓他盡情享受這般快感，這是一種做人的美德。你願意讓別人「得意」，對方也能接受你的「得意」，這樣就投緣了，彼此都開心的不得了，何樂而不為呢？

從藝術的角度來看說話這件事，最重要的一點是：要能夠盡情地表達。當然，表達不應該完全都不管別人的感受，只有你自己在講爽的，別人一句話都插不進去。如果可以讓別人得意忘形、自得其樂，兩個人講得很開心，表示你有相當深厚的說話功力。最好是雙方有什麼話，都能毫無顧忌地講出來，兩個人都可以享受了解彼此的暢快感，這是說話藝術中最迷人之處。

如果「得意忘形」的程度已經讓身邊的人不舒服，要怎麼改呢？這關係到是否有能力察覺到別人的感受。最好的狀況，是讓別人也有得意的機會，如果只有你很得意，孤芳自賞到了忘我的境界，身邊的人都沒有什麼感覺，這個時候的你並不是真正在溝通，乾脆在家裡講給自己聽就可以了。如果你在得意之時還能跟身邊的人保持溝通，就算你得意到忘了自己是誰，別人也會為你開心。所以，這個重點在於你跟別人之間的關係是否良好，真正愛你的朋友，會為你的得意感到開心，也會欣然接受。

你有你的舞台，但一定要先有觀眾，才會有舞台。你有這樣的機會可以開心，也要讓別人有機會能夠開心，而不是讓別人覺得你這個人很討厭，好像他們只能當你的觀眾，卻永遠沒辦法上台。有些時候別人會幫你拍拍手，回過頭來，你也要幫人家鼓鼓掌。這就是禮貌，就是尊重。

千萬要記得，說話這件事是雙向的流動，大家彼此之間必須互相分享。有了這個觀念之後，溝通就不會有問題。

我講話很直，常無意之間得罪別人，要怎麼辦？

這個問題相當不錯，表示提問者有自我反省的能力。你總不能說：「我個性就是這樣！」要改就不太可能。既然已經知道自己講話很直、不會講好聽的話的缺點，只要有想改的意願，事情就簡單了。

「講話很直」確實是個問題，至於該怎麼改呢——先改你的腦袋！話講出來不好聽，就得先想想該怎樣講會好聽一點？在把話說出去之前，想辦法用不一樣的方式、不一樣的詞彙、不一樣的角度，把話講得更圓滑、更婉轉。

如果你跟人家說：「你這個舉動簡直就是白痴！」聽起來是直來直往，原本是一番好意，可是話講得這麼難聽，人家就分辨不出你到底是要幫他呢，還是要故意貶低他，甚至是羞辱他。

你應該跟對方說：「你這樣的處理方式，我發現到一些問題。我把利弊分析給你聽，咱們可以討論一下。」

這樣的話，聽起來就會婉轉很多。要表達的意思是一樣的，但是為什麼要說他是呆瓜、笨蛋、白癡呢？要是這麼地口無遮攔，會得罪人也是很正常的事。

你不一定得要用這麼「直」的方式去表達，這完全是想不想改變說話方式的問題，換句話說，是「腦」的問題——你要了解對方的感受。話是講給別人聽的，所以必須考慮聽者的感覺，是吧？如果你一直拿石頭朝著狗扔，狗當然會跑來咬你，會一直吠。連狗都尚且如此，更何況是人呢？你要曉得對著別人說了什麼話，人家會有怎樣的反應，這些都是人之常情。

講話太直接，狗嘴吐不出象牙，不僅對別人是一種傷害，對你自己也很不好受。若是常處在這樣的情況下，生活品質將會受到極大的影響。所以，你的思維要改變，要能夠抱著進步成長的心態，把自己的胸襟拓展開來，用不一樣的角度看待說話這件事；在修正過程當中，不再像以前那般地口無遮攔，你的人際關係會漸漸變圓融，感情生活會更豐富，生活也更有品質，大家都比較開心。

如果你覺得自己說話太直，一天到晚擔心不小心說錯話，跟別人的關係又搞砸了，每次說話都得提心吊膽、如履薄冰——很明顯的，這就是一個可以進步的空間。若你心裡總是這麼想：「我就是沒辦法改啊！」

「我天生就是這種個性嘛！」

這些辯解，會讓你永遠沒辦法進步。你要了解自己的缺點，強化過去不能面對的領域，讓自己有能力去做那些以前不喜歡做的事情；過一段時間之後，你將會看見自己突破性的成長與改變。

當有人講話很衝，我也不會示弱，但不是每個人都能接受這樣的溝通方式。我該調整自己的脾氣嗎？

沒錯，看來你確實是該調整自己的脾氣。然而，有一個很有趣的地方：對方說話很衝，所以你不示弱，對方又怎麼會接受不了呢？說話很衝的人卻承受不住別人這樣說話，這種情況還挺有趣的。

如果這個不能接受的人是旁邊的第三者，你說話時要顧及到旁人的感覺，這是可以理解的。如果跟你說話的人態度很衝，你不甘示弱地還以顏色，這種強硬的態度是一種表達方式，兩邊的情緒要一樣強烈，溝通才會搭得上。

猛烈的溝通方式，並不可能要求每個人都能夠適應。在某些場合裡，說話就是一種戰爭，結果是願賭服輸，或是適者生存。如果對方受得了，你再繼續跟他講話；對方受不了，就不需要用這樣強硬的態度說話。這是可以調整的！需要運用多少的力道，就是箇中的功力了。

至於「調整自己的脾氣」，這句話透露你在說話時很容易陷入情緒化，溝通時常被情緒影響。所以，重點是針對不一樣的說話對象，採用不一樣的溝通方式，控制情緒是要經過訓練的。

不可否認，在某些特殊狀況下，說話的態度就是不能示弱，需要猛烈的溝通方式傳達訊息。具備這樣的說話能力是一種優勢，不過也不該不分青紅皂白都向對方發起猛烈攻勢，對吧？你有一身的好功夫，很能打，當有人要攻擊你，你當然不能示弱，這是自衛的基本道理。

但並不表示遇到任何人都要抓來亂打一頓，這不是理智的行為。

如果要調整「脾氣」，指的是這種不理智的行為，那麼確實該改一改，而且要好好修練一下。你要練到「見人說人話，見鬼說鬼話」，就算採用猛烈的溝通方式，不一定都要用很衝的語氣說話。如果說話總是讓別人感覺很情緒化，而且一直在鬧脾氣，這樣並不是真正在溝通。

溝通跟脾氣沒有絕對的關係——你可以把生氣、激烈、態度強硬當成一種說話方式，某些場合確實需要派上用場；不過，若只能用這樣的方式去表達，當然就大有問題了，應該要調整一下才好。

我常覺得自己懂的不夠、可以聊的話題不多，就算找到話題，聊沒幾句就結束了，要怎麼讓自己跟別人有更多話題、有更深入的內容可以聊呢？

懂得不多，其實大家都半斤八兩。俗話說：「隔行如隔山」，聊的話題究竟怎樣才算多？

若把重點放在「懂」跟「不懂」的話題上，就已經失去說話的意義了。最重要的，就是生活家常、食衣住行等等，光這些就有聊不完的話題。

這個問題的重點，在於後面那句：「就算找到話題，聊沒幾句就結束了」，這才是真正的癥結點。不管要講什麼，要是講沒幾句就結束了，基本上你不是個會講話的人，也沒有訓練過如何去說話，連說話的體力都沒有，講出來的內容也沒什麼料！

這就像人家是黑帶的高手。你沒練過，有什麼好打的？他出個兩拳，你不死也得斷好幾根骨頭，是不是？也就是說，「沒練過」是一個最嚴重的問題。你並不習慣在話局裡創造新意，不知道怎樣把話講得好聽、講得有趣、讓話局很有創意，你希望談話要有更深入的內容，這不是一蹴可及的，一定都是要去練、去學的。

就好比說，現在要煮一鍋海鮮什錦濃湯，但你手上沒有料，該怎麼變出一鍋濃湯呢？什麼料都沒有，就只能煮出一鍋清湯，就連清湯都還得先燉個骨頭，對吧？但是，如果鍋裡永遠都是清湯，就會讓人覺得非常地單調乏味。

一般去外頭吃自助餐，店家可能會煮很簡單的大骨湯，再加點海帶就可以喝了，要不然放幾根青菜、紅蘿蔔、蕃茄等等，這是大眾口味的湯。但你想想，如果吃的是紅燒魚頭、羊肉爐、薑母鴨或酸菜白肉鍋之類的，光是湯頭就很講究了，還有很多的食材可以加進去，包括佐料、配菜等等。

許多店的菜單上都有賣肉羹湯。一碗最基本的肉羹湯，就是湯跟那些羹，還有幾塊肉漿做出來的丸子。但是，如果你吃過講究的肉羹湯，不僅肉質特別鮮美有嚼勁，連湯頭都用大骨熬過，還有許多加進去提味的食材——不僅放了筍絲、白菜、木耳、紅蘿蔔絲等等，還要用上好的醋與香油，最後再隨個人喜好放一點大蒜或香菜、胡椒等等，這碗肉羹湯就非常有看頭，也能夠符合個人喜好。

說話就像煮一鍋什錦湯，一定要先去備料；既然想要跟別人有更多的話聊，自然得要去準備話題，那些話題就是你可以說話的「料」。至於該怎麼樣去準備話題呢？平常就得蒐集生活裡的點點滴滴，不一定要多大的學問才能當話題——比方說，菜市場的八卦、現代生活的資訊、百貨公司的新鮮貨、食物、穿著等等，能聊的範圍相當廣闊，但你要先做功課，總不能說了一句話：「現在的女人穿得很特別。」這樣就講完了？人家當然會覺得你這個人肚子裡沒什麼料！

在平常的日子，你就得不斷地思考，這些話該怎麼去「加油添醋」添點味道，既然要有

更精彩的內容可以聊下去，就要有更深入的題材，但也要把它表達到恰到好處——這就是逐字稿的作用，把這些內容一個字、一個字地寫出來，就像寫作文一樣，本來最多只能寫半頁，想多了、寫久了，後來就可以寫一頁、兩頁，最後一口氣能寫個十頁。當你腦袋裡的內容豐富了之後，信手拈來都有得聊，可以講的話題千變萬化。

說話，百分之九十九是靠「腦袋」。有機會的話，你可以觀察那些大廚是怎樣做菜的，很多食材必須在三天前先醃過，有些食材必須先瀝乾，有些必須先切絲或是先炸過、滷過，高湯要先燉三天等等，這些都是耗腦力的工作。你不能只是把火一開、油一放，什麼菜都不先處理，一股腦地通通扔下去，煮熟就拿起來，那當然不會好吃，也沒有辦法讓人垂涎三尺！這就跟說話不經大腦是一樣的意思。

其實，「說話有料」並非很難辦到。在生活裡，每樣東西都可以拿出來講很久、很深入，讓人覺得這是一門有趣的學問。至於該怎麼去講，才能講很多、講很久、講得很精彩？這就是「練」的功力了。

以前面「吃」的主題，就可以提到各國料理方式、吃飯的習慣、不同的餐館、食譜、食材，甚至再延伸到養生、減肥等等領域，光這些就講不完了。若再講到天氣、運動、音樂等等，隨便一個話題都可以講到天荒地老。要是你仍覺得這些話題太過專業，不希望講到那麼深入，其實光是刷牙洗臉這些例行動作，都可以講很久！隨便講該怎麼睡個好覺，也可以講個三天三夜！這完全是看你個人是否有興趣去研究，願意探索到怎樣的程度。

以我自己為例，我的工作是顧問，但我不是只會談那些專業技術的領域，什麼話題都可以侃侃而談。你要聊毛巾，我就可以跟你講毛巾；要講茶杯，我也可以跟你講茶杯，就算要說牆壁，我也可以跟你聊上一整天的牆壁；**重點不在於「話題」或你懂不懂，而是在於你願意聊、知道該怎麼說話！**為什麼什麼都能聊？因為平常就得用心去研究思考，寫過逐字稿、下過苦功，而且凡事都抱持著好奇心與創造力。

就像小孩子玩遊戲，他只有一堆土跟一個沙袋，玩個沙包就可以玩一下午。你會想：這有什麼好玩的？那些無聊的玩意兒，為什麼可以玩那麼久？那就看你是否能夠創造出不同的生命力，不斷地改變、創新，玩出新花樣，就會樂趣無窮了。

說話只要注入生命力，就可以聊這麼多。小孩子懂的也不多，但你跟孩子在一起，他一定有很多東西可以聊，不會從頭到尾都靜靜的坐著。我們跟人家吃飯，也不會只顧著吃東西，吃完了一句話都沒說。所以，有沒有話聊，也得看你跟誰在一起；當你自己一個人的時候，就得思考要講什麼、怎樣可以把話繼續講下去，這是平常必須自己琢磨的功夫。

有人說，他不會講話，沒有話題可講，或講了也很乾澀……這些都只是藉口，也說明了他根本沒有認真過、沒有下過功夫。願意練功的人，光是一隻腳站著，另一隻腳舉起來，這樣一天就可以練好幾個小時；練幾年都練不完，怎麼會沒功可練？

有很多簡單的東西，都可以加入變化讓它更複雜，同樣地，很多複雜的東西也可以簡單化，當中的取捨有個人見解與選擇，就看你怎樣把這些內容匯整，一層一層的累積，再經過分析、重新組合之後，把你的心得、感受寫成逐字稿。寫出來之後要再修改，改過之後再講它個十遍，又會有不一樣的心得。這就是練功。

藝術講求的質感，就是「量」多了之後就會有「質」。練一百次、三百次、一千次，結果都不一樣。當你練過一千次之後，「質」就出來了，之後可以再從提升過後的水準去要求「量」的提升。A的內容講一千次，就會產生B的心得，之後再以B的內容講一千次，就會有C的心得，再把C講過一千次，又會有D的心得。這就跟蓋金字塔一樣，必須一層一層地蓋上去，不打好地基就不可能蓋出摩天大樓，天底下沒有這種好事。

若是你一天到晚想著：「唉，我就是說話沒內容啊！」

「我真是見識淺薄，聊沒幾句就結束了……」

那是因為你沒練過！練過的人，一口氣唱個長音可以拉到四十秒；你呢？五秒鐘還不到就差點嗆死了，這完全是功力的問題！

藝術之所以讓人感動，完全是以十年為基本單位，長年累月累積下來的深厚功力。想要變得厲害，當然要下功夫啊！沒下過功夫，天下哪來白吃的午餐？

我很容易被說服，常在當下做出後來會後悔的決定，該怎麼辦？

會發生這種情形，百分之百是你自己的問題了！你只能要求自己趕快進步成長。很容易被人家說服，表示你的個性太軟，沒有主見又容易被影響或受到控制，應該要把自信建立起來，而且要知道自己的方向，才不會做出讓自己後悔的決定。

人呢，是不應該後悔的，過去的事就過去了。如果你經常感覺到後悔，有兩個問題可以探討：

一，找出你會一直做出錯誤決定的盲點。

二，找出你常會陷入後悔情緒的那個狀況。

有這樣的問題，就必須強化你對人性的了解，並找出自己的中心思想。你必須很清楚地知道對錯好壞，知道人生的方向要何去何從。

很容易被別人說服，是因為沒有自己的中心思想，也沒有判斷是非的能力。如果你有自己的準則，就不會那麼容易被說服，要是這件事情跟你的準則有所違背，你不會輕易接受或被說服，也不會有後悔的空間。一旦做了決定，不管是好是壞，你都會讓這件事過去，不再後悔昨日發生的事情。你要能夠看得開並放眼未來，不是一直執著於過去的事。那些負面的事情，想太多都於事無補。

另一方面，你要建立自己的信心。有很多人，不管怎樣都堅持己見——當然，過於固執也是不好，但仍好過於沒有主見、常被人說服的情況。至少你對自己要有信心、有所承諾，守住自己的空間，把握自己的準則。

這些原則，每個人都應該在自己的生命裡去尋找，做自己的主人，這是人生裡非常重要的基本觀念。至於該怎樣做到？就是盡你所能地學習、進步，只有讓自己變成自己喜歡的人、做個有能力的人，這種事情才不會一再地發生。

第13章 這些話，該怎麼說？

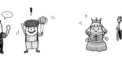

為什麼明明是同一句話，有的人講起來就是讓人很舒服，有的人講起來就讓人反感？

會發生這種狀況，完全在於說話的「人」。說話的人怎麼講是一個重點，講得讓人聽了舒服，是因為他很自在，表情好看，境界夠高。相反的，一個人的意圖跟情緒不對，雖然說的是同樣一句話，卻會讓他人心生反感。

譬如說，某個人對你很好，他很愛你。當他對你說：「你這樣做讓人討厭！」你會覺得他沒有要批評你的意思，他之所以說這句話，是出於誠意、因為愛你才這麼說。

但是，同一句話換成另一個人講，結果就不一樣了。可能這個人給你的感覺很有心機，臉色很難看，可能想要害你或對你充滿敵意，常常雞蛋裡挑骨頭，明明同樣一句話，從他的嘴裡說出來就是讓人非常不舒服；你會認為他是真的討厭你，故意要批評你，這些負面的感覺很自然會跑出來。

在說話的藝術裡，除了表達你要說的內容之外，更重要的是說話者的品質——基本上是**一個人的情緒、胸襟、意圖，他給別人的氣質跟感受，造就聽起來舒不舒服。**你對這個人喜

歡的程度，以及你們平常的交情，都會影響說話的感受與溝通的結果。

再次提醒，一定要不斷地進步成長，苦練基本功。平時若沒有用心勤練，臨場時當然會覺得恨天高，似乎怎樣都抓不到訣竅。同樣一句話，可以讓別人覺得好像摸到刺蝟一樣，也可以讓人感覺很甜蜜、很自在，這在溝通裡是一門很大的學問。

批評人時，有些人吃硬不吃軟，有些人吃軟不吃硬，該怎麼辦？

遇到這種問題，就得看你要不要跟對方講到底。如果他吃硬不吃軟，那你就給他硬的吃；如果他吃軟不吃硬，那你就給他軟的吃。但也有些人軟硬都不吃，該怎麼辦？就不必勉強自己跟他講了。

你應該回過頭來問自己：為什麼一定要批評人家呢？你好說歹說，為什麼非要讓他聽你的不可呢？他不聽，就不必理他，如果一定要他聽你的，你就只能先從改變自己的方向著手——為什麼你講的話會讓人家聽不進去？

既然要讓對方領情、服氣，就要説得有理、説得好聽、有情有義才行。説話藝術是現實而殘忍的，並不會因為你的身份是爸爸，兒子就一定會聽你的話。如果説得不好，對方不服氣，跟你又沒什麼情面可談，也不覺得你説這些話是因為你很在乎他，不領情也是理所當然的事。

如果你希望自己講的話悦耳動聽，除了練基本功之外，還是必須靠老方法：寫逐字稿，練習到讓人覺得很有説服力。除了內容要準備之外，也要説到做到才行，要是光説不練，一點用處也沒有。

有句話説：「要刮別人的鬍子之前，先把自己的刮乾淨。」你必須是個言出必行的好榜樣，才會有最完美的説服力！如果你做得到，才會讓人覺得你值得信服，才會願意聽你説的話。這完全在於真本事。

還有一個關鍵，是在於説話的技巧。你把事情都做得很好，把話講得客氣婉轉、圓滿真誠，説話言之有物、情理兼達，才有機會讓對方虛心受教。否則的話，人家認為你在胡亂批評一通，人家為什麼要聽你説話？你又有什麼立場説話？要是人家不想聽你説話，你應該反省自己，而不是一直去檢討別人有什麼問題。

話怎麼說才會讓人覺得是「快人快語」？怎麼說會變成「口無遮攔」？

「快人快語」的意思，是讓人感覺你很聰明，而且這當中有一個重點：這些話是對焦的。所以，快人快語表示你反應很快，講的是別人要聽的，而且示意得很好、回答得很妙。

至於「口無遮攔」呢？其實，口無遮攔也是快人快語的一種，差別在於該講的沒講，講出來的都是不該講的，或是文不對題、哪壺不開提哪壺。對其他人來說，這種白目的話就變成了「口無遮攔」。

要讓人感覺快人快語，就要非常清楚對方到底在講些什麼，而且要做一個適當的回應，讓對方感覺自己完全被了解，又被完全對焦的示意，當然會覺得很痛快，最重要關鍵是因為你能夠了解他。

「口無遮攔」就是只顧著講自己要講的，就算對方覺得在意、難為情或是很丟臉的事，你都毫不在乎地說出口，把別人不想講的私事都說出來了。那種尷尬的場面，幾乎像在演電視劇一樣。

舉例來說，你想掩飾心中的恐懼，你掩飾得很好，也沒人講出來，場面不會那麼尷尬。可是，忽然有個小孩跑過來說：「叔叔，我看你好像很緊張，你非常害怕對不對？」

雖然小孩子是童言無忌，講的也是事實，但在這個時間點上，這件事情是場面上所忌諱的內容，講出來反而讓大家覺得很尷尬，也就等於是「口無遮攔」。話會說成這樣，表示沒有在意別人的感覺，只是把心裡的話毫不修飾地講出來，這麼一來就變成了「口無遮攔」。

「快人快語」的重點在於「快」這個字。你得要非常明白對方在講的、在想的是什麼，很快地回應他，此時此刻就做個決定——比方說，當下就點頭嫁給他，或是很快地向對方道歉，否則可能要面臨被修理之類的情形。

在某些時間點上，「快人快語」可能會給你帶來一個升官發財的好機會，也可能順水推舟地把問題解決掉，或者是把燙手山芋接過來，讓某人有台階可下等等，就看你要玩的遊戲是什麼。這就像打籃球時，不但要閃過好幾個防守的人，而且還要能快攻上籃得分——當你看到高手，使出神乎其技的「絕招」時，不必羨慕人家，這些都是練出來的功力。

天底下是沒有什麼「絕招」的。技巧要達到堪稱藝術的境界，只能靠練。不是請個高明的老師指導你該怎麼說話，就可以說出快人快語。想要有這樣的造詣，而且還要一出手就百

發百中，完全是靠基本功的訓練與經驗的累積；你必須反覆地琢磨，才能夠達到隨心所欲、渾然天成的境界。

什麼時候可以把自己的缺點拿來自我解嘲？什麼時候應該把自己的缺點隱藏起來？

這個問題很有趣。一樣是缺點，有時候可以拿出來嘲弄自己一下，有時候呢，卻又得把這個缺點收藏起來，永遠不要讓別人知道。

把自己的缺點拿出來自我解嘲，是一種拋磚引玉的做法。比如說，當我們提到別人有某個缺點，或者是他非常難過、做了什麼不對的事情，當對方顯露出缺點的時候，那你就可以拿出自己的缺點互相共鳴一下。

舉個例子。朋友向某個女孩告白被拒絕了，你可以告訴他：「不用那麼難過啦！以前我追了十幾個都沒有追到，多丟臉啊！還有人在大家面前拿我當笑柄呢。」

在這個時候，就是把自己的短處拿出來自我解嘲的最佳時機。你的目的是跟對方有共嗚，可以跟別人談心、分享，提升說話的暢快度；希望讓他講出更多自己的問題，讓他知道這樣的失敗並不可怕，同時也鼓勵他說出失敗的心聲及痛苦。

我們常在廣播電台或電視節目上，見到主持人把自己的糗事講出來給別人聽。為什麼自我解嘲會變成一種優點呢？因為**不必堅持自己是從不犯錯的「聖人」**，自己也有過一些不好的經驗，藉由分享這些經驗增加親切感與對彼此之間的了解程度。如此自我解嘲的說話方式，不僅把話題的範圍拉大，彼此情感也能夠更加融入，甚至把原本低落的氣氛變得有趣了起來。

每個人都有缺點——有些人說我怕狗，有些人偏食，有些人不吃辣等等。不吃辣或許不算是缺點，但如果大家都吃辣，就你一個人不吃辣，朋友會調侃你說：「只有你不吃辣，這麼不合群啊？」

「你很難搞喔！跟你吃飯還要搞特權？」

「為了你一個人，還要特別煮一鍋不辣的給你吃呢。」

這時，你就可以自我解嘲一番：

「不好意思，我吃辣容易上火，會流鼻血哩。」

「我身體沒你們好嘛，吃辣對我來說太刺激了，承受不住啊。」

這樣說法會讓人沒有心防，也是為了得到共鳴。當大家都說有這樣的缺點時，你跳出來說：「我也有。」比看看誰比較糗，還滿有趣的。

「你知道我有多糗嗎？別人迷路最多一小時，我竟然迷路了三天才走出來。」像這種說法，就是自我解嘲。

還有一種狀況，是在教育孩子或後生晚輩的時候，他遇到一個失敗，覺得自己很糟糕、很丟臉，大人便可以說：「其實，叔叔也是有過這些經驗。」

「阿姨也遇過這樣丟人的事情呢……」

講一講，或許就有機會化解孩子心裡的難過。不管是在教育新生代或是下屬，都可以把這些缺點拿出來講，讓對方知道失敗也不是那麼嚴重。畢竟人非聖賢，孰能無過？人難免都會犯些錯誤，可貴之處是在錯誤裡得到教訓，累積經驗。

「或許，今天你覺得我比較厲害，其實我並不比你強，我也有很多缺點，只是我熬過來了。」——這是一個經驗談。很多的失敗、缺點，都可以拿出來講講，反正就是「話當年」嘛。那些不好的經驗可以拿出來當成茶餘飯後的話題，除了有教育啟發的作用之外，也是一個很棒的人生經驗分享。在這個時候，把缺點拿出來分享的效果就非常好。

至於在什麼時候，應該將缺點隱藏起來呢？

就是當下沒有人要聽，或是不登大雅之堂，沒有必要自曝其短的時候，講出來幹什麼？人家並沒有要聽，你自己一個人在那邊獻醜，就像脫褲子給別人看——明明很丟臉了，還不趕快隱藏起來？更慘的是，沒有人叫你講，沒有人要挖洞給你跳，你還站出來告訴人家自己有多糟糕，這就變得很多餘，甚至是不識相。

所以，你要懂得察言觀色，看看場上有沒有人要聽，有沒有人要講這種話題。如果人家沒有要聽你講，你在那兒忝不知恥的獻醜；就像跳了難看的鋼管舞，褲子脫了，不趕快穿回去也就算了，自己還一直脫，甚至還逼人家非看不可。在這種時候，揭露自己的缺點並不會讓人覺得你很大方，反倒是非常白目的行為。

你應該搞清楚什麼場合可以講，什麼時候不該講。比方說，你不需要一直跟人家說你曾經貪污、怎樣去陷害別人，或是被人非禮之類的事情。講這些事情的目的是要幹什麼呢？人家並沒有主動問你，也沒有興趣知道，沒有要你分享的意思，這些經驗也沒有任何的鼓勵作用，說出來只會讓人反感且莫名其妙；這種自曝其短就很丟臉，而且把別人弄得很難受。

此時把缺點隱藏起來，並不是因為有什麼不可告人的秘密，也不是故意要隱藏，理由很簡單：沒必要。

假設，今天你身上有一個傷口，你不需要逢人就露出來，只有遇到醫生時才有必要。如果醫生需要檢查傷口，你卻又故意隱藏起來，就算醫術再高明也救不了你。但是，一般人並不是醫生，一見到人就揭開傷口給他看，是要博取同情嗎？還是要讓對方受到驚嚇？這種舉動就有點三八了。

講話也是一樣，必須找對的人講，在正確的時間講該講的事情。你必須了解對方跟你共處時，有什麼事情可以引起共鳴？如果自曝缺點可以當成拋磚引玉的籌碼，自然可以拿來講。然而，當人家沒有意願談論這個話題時，何必自討沒趣？不需要講的內容，就應該隱藏起來。

這些缺點平常最好是都不要講，趁別人還沒發現時趕快修正過來。以後缺點不存在了，就算和別人聊到，也都是過去的事了。並非要求自己當個沒缺點的完人——你沒理由一直抱著缺點死不放手吧！不改掉這些問題，遲早會把臉丟光。藉著不斷地成長，前途一片光明，多麼地美好！

什麼時機，要讓別人知道自己的長處？什麼時候，不該讓別人知道自己的長處？

在短處的部分，前面已經解釋過。至於長處有什麼不同呢？當別人需要知道你這個人有什麼用處的時候，你需要介紹自己，要讓人家了解你——比如在找工作，或是別人有事情要拜託你，或是客戶正在考慮是否要讓你接下這筆生意，就要好好地說明並介紹自己有什麼長處。這麼做的目的是為了要讓別人放心、了解你的可靠性，不僅是一種禮貌，也是一種道德。

這並不是誇大其詞去吹噓，而是實實在在地讓對方知道你的能耐。對方把事情託付於你，找你來辦事情、做生意，至少要讓人家知道你可以幹些什麼事，這是一種專業的表現。

至於時機的問題，像在職場競爭、應徵工作甚至是告白的時候，都需要讓別人知道你的長處。在這些「對」的時機上頭，一定得讓對方知道自己可以提供怎樣的幫助？這件事由你來做的話，可以做到什麼樣的水準？這是非常有建設性的。

平常的時候，就得要讓人知道自己有某些長處，但不必刻意吹噓有多厲害。有些人喜歡說自己很厲害，講得天花亂墜、自我陶醉，反而適得其反，讓人生厭。

你可以讓人知道你有能力做哪些事情。這就像職場分工，你之所以能夠擔任業務工作，是因為你擅長跟客戶交涉；在日常生活裡，你很會唱歌、彈鋼琴或吹口哨，這些都是讓人開心的好事，跟別人聊天時就可以帶到，沒什麼好隱藏的。

我非常鼓勵大家在日常生活中，委婉、禮貌地把自己的長處表現出來。只要話講得好，隨時都是「推銷自己」的好時機，而不是在不對焦的情況下去講自己有多棒、多能幹，這就顯得白目了。

至於什麼情況之下，不該讓別人知道自己的長處？就好比去參加比賽，在比輸贏或作戰的時候，不希望讓別人知道你還有哪一招，想要留一手，顯露長處會帶來危險時，就要盡量避免。

另外一個狀況，就是你知道自己有多少實力，卻不需要刻意讓鋒芒過於顯露。隱藏長處的目的是為了不要打擊到別人，在沒有特別目地的情況之下，不需要刻意宣揚；尤其當對方沒興趣了解也不屑知道，你沒必要特別請人家來「認識」你的長處。

為了談生意、找工作，或是為了結婚、交友，展現出自己的長處是有加分效果的。如果對方並沒有要求你講這些東西，或是在這個時間點上「不合適」，表現自己的長處就會很突兀，這跟在不恰當的時機自曝其短只會讓人感到白目，是完全一樣的道理。

比方說，你跟別人的老婆說自己的性能力很強，這種話聽起來就會讓人覺得很低級，或是有不當的性暗示，甚至引發其他更糟糕的下場。這種顯露長處的方式就很不恰當。

有些時候，大家在一起聊天或是討論事情，突然有人插了一句話：「我是空手道黑帶的，我很能打。」明明大夥兒談的不是打架鬥毆的事，你讓別人知道你很能打的目的是什麼？表現的時機不當，別人會覺得說話的意圖很奇怪。就算你有很多長處，但不必要展現時就不必說出口，不需要故意讓別人知道；在沒人想知道的時間點上，講出來就是不對焦，不但不會留下好印象，還會造成扣分的效果。

平常讓人家知道自己的長處，是一種介紹性的動作。你不必講太多，偶爾提到一下即可，比如對方問你從事什麼性質的工作，此時便可以說明自己有何長處，提供什麼性質的服務，大家互相認識，以後有機會可以合作。如果當時沒有人需要知道你所具備的這些長處，到底該不該講出來？這就得看你跟對方的關係、未來發展的可能性、對方是否希望了解，還有彼此互動是否舒服，才是最重要的。

該怎樣自圓其説擺脱困境，又不會讓人覺得在敷衍？

這很簡單，就是想辦法把話説到滿，你得把困境解釋清楚，讓對方知道你有什麼困難。現在的你好比陷在一個深淵裡，要爬出來還要能夠站得穩，甚至還要笑著讓大家知道自己沒事，當然要很努力囉！

當你做了很多努力，也真正地擺脱困境，有道是「不是猛龍不過江」，過關了就過關了，只要把話解釋清楚，別人就不會覺得你的自圓其説是在敷衍，明眼人都知道這不是簡單的事情。只要事情過去了，一般人應該會為你開心，也不會有人覺得你在敷衍。

但是，如果你胡説八道鬼扯一通，説話愛理不理的，讓人感受不到你有心要擺脱困境，甚至還往自己臉上貼金，就會覺得你死到臨頭還嘴硬，認為你在敷衍。

所以，自圓其説有一個很重要的關鍵：成績。只要你有做出成績，把事情做對了，真的擺脱了困境，也把事情交代得很清楚，很努力地把話講到滿，別人一定不覺得你是在敷衍。

如果你讓人覺得在敷衍，表示你做事情有投機取巧或偷工減料的嫌疑，或是沒有真正地在面對問題，甚至連站出來解釋都嫌麻煩。這其中的問題是：你把話隨便説，不認真好好講。你到底有沒有在敷衍？其實你自己心裡是明白的。你必須很努力把話講到滿，讓人感受到你的心意。

我奉勸各位，在溝通時最好盡量多講一些話。很多人都以為自己已經解釋到一百分了，然而在別人的認知裡，這樣的說詞是不及格的；可能二十分，可能八十分，但絕不會是滿分。換句話說，你最好盡其所能地說到兩百分，把那些可能會讓人覺得敷衍的空間都填滿，不至於出現不夠清楚、不夠了解的狀況。

有些時候，我們會覺得不需要做那麼多，但事實上卻比你想像的還要多出兩三倍。比方說，你原本估計十分鐘就可以到目的地，當實際走的時候，才發現需要花費三十分鐘。你以為用一分力就可以挑起這桶水，沒想到必須用九分力才拿得起來。當你真正做出成績的時候，需要的資源、精力往往是原先預估的三倍以上。

人生最大的失誤經常發生在這裡：錯誤的估計！你做到你所認為最好的程度了，可是別人還是覺得勉勉強強。這下子就糗大了。所以，若要讓人生更圓滿，有一點非常重要：要把話說到滿，最好是溢出來。

我常跟別人說：錢可以省一點，話就千萬不能省。把話講到滿，勝算的機會就比較高。

為了要讓事情成功，為了要表達誠意，如果可以做到百分之九十九，那做到百分之兩百不是更好嗎？萬一錯估了，都可以及格。

這種寧可多做，做到百分之兩百的心態真的非常重要。不怕一萬，只怕萬一；多做幾倍是不會吃虧的。到時候真的做到滿了，天地將會變色，命運也會隨之改變。你會發現自己的人生，因為「把話說滿」而得到幸福圓滿。

如何善用轉移話題的方式，避免自己陷入被動局勢？

「轉移話題」是一種說話技巧，運用的關鍵在於把話說得合理，也要把話說到滿。至於「被動」，跟轉移話題的技巧是不相干的。不想陷入被動局勢，只要繼續說話、速度夠快、可以接話就行了，並非一定要用轉移話題的技巧。

轉移話題的目地，一來是用在迴避難以回應或是你不想說的話題。二來，則是創造更多可以聊下去的話題，讓氣氛更好，增加談話的精采度。不管是哪一種目的，都要有更有趣、更深入的內容，可以拿出來靈活運用。

一般來説，如果目前正在進行的話題還有更加深入的可能性，就不會用到轉移話題的技巧。轉移話題跟被動、主動沒有什麼關係，這個問題要講的重點應該是：如何一直創造話題，讓對方覺得自己比較主動？

一般人會比較喜歡跟有話題的人講話。這種人通常主動、積極，因為充滿活力與創意，説話比較不會無聊。但是，如果要利用「轉移話題」化被動為主動，其實也沒必要。「被動」是因為你沒説話，或是説的話不夠、動作太慢或只能回答、接話，其實只要繼續講話就可以了。主動講話不一定要改變話題，改不改變話題並不是問題的重點。

轉移話題的關鍵是「創造」，有多元的話題可以聊，針對不同的人也有不同的切入點。所以你説話的廣度、深度都要足夠，才能夠切換自如，轉移得天衣無縫。

轉移話題還牽涉到你的情緒夠不夠高昂、表情夠不夠活潑，有很多的局勢是可以主導的；運用得好，對你的説話會有加分效果。換句話説，確實可以運用轉移話題的方式創造一個主動局勢，控制整個話局。但是，如果只是為了避免陷入被動，除非是你永遠不説話，否則，對方很會講話又很愛講，你就大方地讓他講，沒什麼主動、被動的問題。你可以附和，點點頭也是一種回答。

這就像在陪一個人打球，球要有來有往，但不一定每次都要把球殺回去。如果你一直刻意要拿到說話的主動權，說不定也會造成對方的不舒服。只要很正常地說話，就像打球一樣，該殺球就殺球，該接球就接球，該贏就贏，不需要故意打輸放水。

在這裡需要特別提出來的是，「避免讓自己陷入被動」的心態是有問題的。所謂的「避免」，並不是一件自然的事——沒有什麼好去避免的！如果一直處於被動，只要說話的人很開心，那樣的談話還是很好啊！除非對方很討厭你不說話，或被動到要人家請你開口才講話，好像愛理不理的，那就應該要主動的說話。換個角度來說，只要你有本事配合對方需要的溝通速度，達到了解的目的，而且雙方都很開心，就不是問題了。

說話應該是一個自然的形態。如果一直想著「要避免些什麼」，講起話來就不自然。你應該讓自己非常隨興，有時候讓他講，有時候換你講，不一定要五五對分，誰多誰少並不是重點。只要某個話題講得很開心，就算全部都讓對方說，又有什麼關係呢？

說話不是比賽，不是看誰的分數多就贏，重點是雙方都開心。以我跟我先生講話為例，我們兩個都是非常愛講話的人。有些時候，我講一個小時，他一直聽我講。有些時候他連續講了兩個小時，我在旁邊一直聽，也沒什麼不對呀！他當然知道我不是啞吧。我聽他講話，是因為他想講，我也想聽啊！這並不代表不愉快，也不代表有人陷入被動局勢。

說話是一門藝術，不強求要有怎樣的形式。有時候我一句、你一句，聊了一整天，舒服自在就會呈現一種美感。如果把藝術搞成一種機制，好像一定要怎樣做才符合標準的一種形式，並不是我們要談論的範圍。你可以擁有自己的風格，但不應該有固定的格式。**如果說話必須套公式，就不能算是藝術了。**

藝術到了一個境界，是一種非常超然的感覺，因為舒服、熟練、自然，而發展出來的結果，而不是藉由一些計算方式去把藝術品表達出來。所以，這個問題最大的「問題」，就是太流於形式了——怎麼樣善用、怎樣轉移、如何避免被動、用怎麼樣的方式等等，可知提問者是在詢問許多的技巧。然而，當說話藝術達到爐火純青的境界裡頭，並沒有這樣的技術問題存在。若要談技術，我還是建議多練基本功，多進步成長才是王道。

真正的藝術，是當基本動作夠純熟時，能夠完全靈活運用，沒有任何的格局限制。雖然是自由發揮，但不管怎麼延伸，它的基本功都存在，那是所有技術的真正核心及架構。

舉例來說，所謂的「創意料理」並不是隨便亂煮。有本事去做創意料理的人，他的廚藝基本功必須非常深厚，對於食材、刀功、配色、品味、調味等等，都比一般烹飪者有更廣泛、更深入的研究，所以在發揮創意的時候，會有許多意外驚喜，但仍離不開料理的基本原理。

藝術最有意思的地方，在於它不是隨便亂搞出來的東西，也不是限制於某種格式的作品。境界不夠高的人，你看著他亂配亂調，做出來的東西有點噁心，讓人覺得恐怖，當中的差異是非常大的。然而，最大的差異在哪裡？在於基礎夠不夠好，基本功正不正確。

說話這件事，如果硬要用一個技巧格式去套，其實是很危險的。我們還是要遵循基本功來談，要有一個基本的態度跟原則，練到爐火純青了，才有辦法自然地表達。如果刻意要套公式或找到一個訣竅，絕對沒有辦法做到非常精確，效果也不會討好，只是讓人覺得你說話像個機械人。

所以，不要去想這些「應該怎麼說」、「應該怎樣避免」之類的問題，這種感覺過於壓抑，已經很不自在了，再怎麼講都不會舒服。如果你拿筆的那隻手一直在抖，寫出來的字怎麼可能會有多自然？如果你自己不舒服，說出來的話也不可能會有多自在。

生活的品質與「基本功」的練習有絕對關係，這也是我們在下一本書要探討的重點。說話這門藝術，值得畢生努力去追求，在此與君共勉，願各位讀者盡情享受說話的樂趣，人生更上十層樓！

說話的藝術

讀者回函卡

對我們的建議：

郵票請帖於此，
謝謝！

台北郵局第118-322號信箱
P.O. BOX 118-322 Taipei
Taipei City 10599 Taiwan(R.O.C)

創意出版社　收

封 口

說話的藝術

讀者回函卡

謝謝您購買我們出版的書籍，請您抽空填寫這張讀者回函，並延虛線剪下、對摺黏好之後寄回，我們很重視您的寶貴意見，謝謝！

@基本資料

◎姓名：______________________________

◎性別：□男　□女

◎生日：西元 ________ 年 ______ 月 ______日

◎地址：______________________________

◎電話：__________ E-mail：______________________

◎學歷：□小學　□國中　□高中　□大專　□研究所（含以上）

◎職業：

□學生　□軍公教　□服務業　□金融業　□製造業

□資訊業　□傳播業　□農漁牧　□自由業　□家管

□其他______________________

◎您從何種方式得知本書？

□書店　□網路　□報紙　□雜誌　□廣播　□電視　□親友推薦

□其他

◎您喜歡閱讀哪些類別的書籍？

□商業財經　□自然科學　□歷史　□法律　□文學　□休閒旅遊

□小說　□人物傳記　□生活勵志　□其他

◎您對本書的意見：

內容：□滿意　□尚可　□應改進

編排：□滿意　□尚可　□應改進

文字：□滿意　□尚可　□應改進

封面：□滿意　□尚可　□應改進

印刷：□滿意　□尚可　□應改進

國家圖書館出版品預行編目(CIP)資料

說話的藝術 / 陳海倫作. – 初版. –- 臺北市 ：
創意, 2014. 06（創意系列；23）
ISBN 978-986-89796-2-8(第1冊：平裝)
1.說話藝術

192.32　　103007348

創意系列｜23

說話的藝術1

講對話讓你上天堂，說錯話讓你見閻王！

作者｜陳海倫
責任編輯｜劉孝麒
美術編輯｜王尹玲
封面插圖｜呂季原

出版｜創意出版社
發行人｜謝明勳
郵政信箱｜台北郵局第118-322號信箱
P.O. BOX 118-322 Taipei
Taipei City 10599 Taiwan(R.O.C)

電話｜(02)8712-2800
傳真｜(02)8712-2808
E-mail｜creativecreation@yahoo.com.tw
部落格｜first-creativecreation.blogspot.com
印刷｜世和印製企業有限公司

定價｜380元
2021年12月初版再刷

著作權所有，翻印必究

first-creativecreation.blogspot.com

創意有心，讀者開心

陳顧問的facebook
www.facebook.com/consultanthellenchen